L'essentiel de droit public

Le cas de la République démocratique du Congo

Collection "Études africaines"
dirigée par Denis Pryen et son équipe

Forte de plus de mille titres publiés à ce jour, la collection 'Études africaines' fait peau neuve. Elle présentera toujours les essais généraux qui ont fait son succès mais se déclinera désormais également par séries thématiques: droit, économie, politique, sociologie, etc.

VILLASANTE CERVELLO (Mariella), *Le passé colonial et les héritages actuels en Mauritanie, État des lieux de recherches nouvelles en histoire et en anthropologie sociale*, 2014.
NDAW (Abdoulaye Aziz), *Sécurité pour l'émergence du Sénégal*, 2014.
HINNOU (Patrick), *Négocier la démocratie au quotidien*, 2014.
CIJIKA KAYOMBO (Chrysostome), *Quelles stratégies pour une éducation idéale en Afrique ?*, 2014.
OWONO-KOUMA (Augusto), *Les essais de Mongo Beti : développement et indépendance véritable de l'Afrique noire francophone*, 2014.
DOUI-WAWAYE (Augustin Jérémie), *Repenser la sécurité en République centrafricaine*, 2014.
ELOUGA (Martin) sous la dir. de, *Les Tikar du Cameroun central. Ethnogenèse, culture et relations avec les peuples voisins*, 2014.
DIARRA (Mohamed Abdoulay), *Profession : marabout en milieu rural et urbain. L'exemple du Niger*, 2014.
TOLNO (Charles-Pascal), *Afrique du Sud, Le rendez-vous de la violence*, 2014.
YAO (Koffi Matin), *Famille et parentalité en Afrique à l'heure des mutations sociétales*, 2014.

Ces dix derniers titres de la collection sont classés
par ordre chronologique en commençant par le plus récent.
La liste complète des parutions, avec une courte présentation
du contenu des ouvrages, peut être consultée
sur le site www.harmattan.fr

Alphonse Makengo Nkutu

L'essentiel de droit public

Le cas de la République démocratique du Congo

L'Harmattan

Du même auteur

Articles

«Le droit objectif et les droits subjectifs», Centre de Recherche - Université pédagogique nationale, janv-mars 2013 n°54b, PUPN, Kinshasa, 2013.

«La désignation des gouvernants par les citoyens», Centre de recherche - Université pédagogique nationale, janv-mars 2013 n°54b, PUPN, Kinshasa, 2013.

Ouvrages

Droit judiciaire de la République démocratique du Congo (Congo belge à nos jours), Ccinia Communication, Paris, 2014.

Droit constitutionnel et pouvoir exécutif en R.D.Congo sous les 1re et 3e Républiques, L'Harmattan, Paris, 2012.

Les institutions politiques de la RDC : de la République du Zaïre à la République démocratique du Congo (1990 à nos jours), L'Harmattan, Paris, 2010.

Les institutions politiques de la RDC : de l'État indépendant du Congo à la République du Zaïre (1885-1990), L'Harmattan, Paris, 2010

Travaux de recherche

Sujet de thèse en science politique : « Du multipartisme au parti unique en République du Zaïre de 1950 A 1990 ».

Mémoire de DEA en science politique : « Le rôle des partis politiques dans le processus de démocratisation au Zaïre ».

Sujet de thèse en droit international (1993) : « Les conséquences de nouveaux rapports est/ouest sur les relations Euro-Afrique ».

Mémoire de troisième cycle en relations internationales - Paris (1992) : « La règle de l'épuisement des voies de recours internes (jurisprudence internationale)».

Mémoire de deuxième cycle en relations internationales - Paris (1991) : « La crise du Golfe et le rôle de l'ONU ».

Autres formations

Science, technologie et sociétés et Prospective et stratégie industrielle, Cnam, Paris, 1995.

5-7, rue de l'Ecole-Polytechnique, 75005 Paris
http://www.harmattan.fr
diffusion.harmattan@wanadoo.fr
ISBN : 978-2-343-05224-3
EAN : 9782343052243

AVANT-PROPOS

Le droit public est souvent considéré comme le droit de l'État, de la société politique nationale, mais également comme le droit des collectivités infra-étatiques (provinces, entités territoriales décentralisées...). Or, l'État congolais change et évolue. Le droit public est en pleine transformation en République démocratique du Congo. Tous les domaines clés de la République démocratique du Congo connaissent une transformation accélérée.

Cet ouvrage s'adresse à tout étudiant ainsi qu'à tout fonctionnaire. Il s'adresse aussi à tout citoyen non fonctionnaire qui désire mieux connaître et mieux comprendre les éléments essentiels du droit constitutionnel, de l'organisation administrative et des finances publiques de la République démocratique du Congo.

Il convient de souligner que tout n'a pas été développé dans cet ouvrage.

INTRODUCTION GÉNÉRALE : LA DISTINCTION ENTRE LE DROIT PUBLIC ET LE DROIT PRIVÉ

Le droit appartient à la conscience collective, car la vie des hommes en société repose en partie sur une organisation juridique, des règles de droit.

Au sens large, le droit désigne la science juridique. Le droit est un phénomène social, évolutif. C'est une science sociale.

Au sens restreint, technique, le droit est un ordre, un système juridique dont le but est de régir la vie des hommes en société.

Face à une multitude de situations réelles, le droit a dû inéluctablement assurer sa mission. En droit congolais, on distingue le droit public et le droit privé ; on parle de *summa divisio* (division principale). C'est ainsi que la distinction droit public / droit privé s'est affirmée.

SECTION I : LE DROIT PUBLIC

Le droit public défend l'intérêt général (le service public) par rapport aux intérêts particuliers. Il est par essence inégalitaire : l'intérêt général l'emporte sur l'intérêt particulier[1].

---

1. MASCLET (Jean-Claude) et ETIEN (Robert), *Droit public général*, 3e édition, Sup'Foucher, Paris, 2006, p. 11.

On appelle le droit public l'ensemble des règles de droit qui régissent l'organisation et le fonctionnement de l'État, de l'administration, des collectivités territoriales et des institutions rattachées à l'État (personne de droit public), ainsi que leurs relations avec les personnes privées.

Autrement dit, le droit public réglemente le fonctionnement des pouvoirs publics et des administrations et leurs rapports avec les particuliers.

Le droit public se divise en plusieurs branches : le droit constitutionnel, le droit administratif, le droit financier et le droit international public.

A - LE DROIT CONSTITUTIONNEL

Le droit constitutionnel a pour objet l'organisation de l'État et le fonctionnement des institutions politiques.

Il peut se définir comme l'ensemble des règles juridiques relatives aux institutions grâce auxquelles l'autorité s'établit, se transmet ou s'exerce dans l'État. L'épithète « constitutionnel » vient de ce que les règles fondamentales de ce droit contenues dans un document spécial – la constitution, qui est le statut de l'État –, c'est aussi « un costume sur mesure, ce n'est pas quelque chose que l'on emprunte »[2].

La Constitution du 18 février 2006 est le texte fondateur de la Troisième République. Elle garantit certains droits fondamentaux : droits de l'homme, souveraineté nationale, principe de la République qui assure une démo-

2. Interview télévisée de Jacques Chirac, 14 juillet 1999.

cratie. Elle détermine l'organisation, le rôle et les relations des pouvoirs publics.

Pour assurer aux citoyens le respect de la démocratie, les pouvoirs publics centraux s'organisent autour de trois pouvoirs indépendants (principe de la séparation des pouvoirs) : pouvoir exécutif, pouvoir législatif et pouvoir judiciaire[3].

B - LE DROIT ADMINISTRATIF

Le droit administratif a pour objet d'encadrer l'action de l'administration dans un État de droit. Autrement dit, le droit administratif peut se définir comme l'ensemble des règles juridiques régissant l'activité administrative des personnes publiques. Il s'agit des règles (droits et obligations) applicables exclusivement à l'administration centralisée (État) ou décentralisée (entités territoriales décentralisées : ville, commune, secteur ou chefferie).

Il règlemente également les rapports entre les personnes publiques et les particuliers. Il régit enfin l'organisation et le fonctionnement des organismes publics ne relevant pas du pouvoir législatif ni du pouvoir judiciaire[4].

C - LE DROIT FINANCIER

Le droit financier porte sur la gestion financière des collectivités publiques. Le budget est un document écrit qui recense l'ensemble des opérations concernant les recettes (les ressources) et les dépenses (les charges) ; il obéit à des principes rigoureux et à des règles de procé-

---

3. www.cap-concours.fr.
4. www.cap-concours.fr.

dure et de contrôle très strictes. Les modalités de recouvrement des impôts et des taxes ont développé des principes et des techniques que l'on retrouve dans un droit qui connaît une très grande expansion, mais qui continue à rester intégré au droit financier : le droit fiscal[5].

D - LE DROIT INTERNATIONAL PUBLIC

Le droit international public s'intéresse aux relations entre États (exemple : par voie de traités internationaux), mais également à la place des individus dans la société internationale (exemple : possibilité de saisir la Cour européenne des droits de l'homme pour contester la pratique de l'accouchement sous X en France en argumentant qu'elle est contraire au « droit au respect de la vie familiale » garanti par la Convention européenne de sauvegarde des droits de l'homme et des libertés fondamentales)[6].

Autrement dit, le droit international public a pour objet de réglementer les relations au sein de la société internationale. Ce droit ne s'intéresse qu'aux rapports entre sujets de droit international, c'est-à-dire principalement les États et, plus récemment, les organisations internationales. Même si les individus ont fait une apparition dans la société internationale depuis une cinquantaine d'années, ils ne restent que de simples acteurs, et ne sont toujours pas de véritables sujets de droit[7].

---

5. MASCLET (Jean-Claude) et ETIEN (Robert), *Droit public général*, op. cit., p. 12.
6. DERBOULLES (Laurent), *L'essentiel des institutions administratives*, Ellipses, Paris, 2011, p. 10.
7. ROCHER (Catherine), *L'essentiel du droit international public et du droit des relations internationales*, 2e édition, Gualino éditeur, Paris, 2003, p. 13.

SECTION II : LE DROIT PRIVÉ

On appelle « droit privé » l'ensemble des règles de droit qui régissent les rapports entre les personnes privées qu'elles soient physiques (particuliers) ou morales (entreprises, associations…). Il traite des actes de la vie comme le mariage, le divorce, l'héritage, l'adoption, la propriété, les contrats, etc.

Il convient de distinguer le droit civil, le droit commercial et le droit du travail. En général, on considère que le droit pénal se rattache au droit privé.

A - LE DROIT CIVIL

Le droit civil se définit comme l'ensemble des règles de droit qui régissent les rapports entre les personnes privées (personnes physiques et morales).

Ces règles peuvent concerner divers domaines tels que :

- les règles de droit concernant les contrats : condition de validité, obligations (responsabilité), résiliation, etc. ;
- les règles de droit concernant les personnes : personnalité juridique, capacité juridique, etc. ;
- les règles de droit concernant la famille : mariage, divorce, etc.;
- les règles de droit concernant les successions.

B - LE DROIT DU TRAVAIL

Le droit du travail porte sur les relations qui s'établissent dans le monde du travail entre employeurs et salariés. Il repose sur un principe d'inégalité entre les partenaires, et établit des règles qui atténuent ce déséquilibre.

Le droit du travail traite notamment :

- du contrat de travail (création, exécution, rupture) ;
- des salaires ;
- du temps de travail et des congés ;
- des libertés syndicales ;
- de la représentation des travailleurs ;
- des conflits du travail et de leur mode de résolution ;
- des normes de sécurité dans le cadre du travail ;
- de la protection des travailleurs vulnérables.

C - LE DROIT COMMERCIAL

Le droit commercial est l'ensemble des règles juridiques applicables aux commerçants dans l'exercice de leur activité professionnelle.

Par extension, on parle souvent de droit des affaires. Ici, le droit des affaires se définit comme l'ensemble des règles relatives aux affaires des entreprises. Il règlemente l'activité des commerçants et leurs opérations commerciales.

D - LE DROIT PÉNAL

Le droit pénal peut se définir comme l'ensemble des règles de droit ayant pour but la sanction des infractions.[8]

---

8. *Lexique juridique*, Dalloz.

Autrement dit, le droit pénal a pour finalité de sanctionner les comportements humains ou sociaux contraires au droit à la suite d'infractions. En fait, le droit pénal est un droit qui punit au nom de la société. Proche du public par son objet, le droit pénal a des liens très étroits avec le droit privé. Il protège les individus, il est la sanction ultime du droit privé. A l'intérieur de l'ordre judiciaire, il existe des juridictions répressives (pénales).[9]

E - DROIT INTERNATIONAL PRIVÉ

Le droit international privé est un droit spécial, applicable aux personnes privées impliquées dans des relations juridiques internationales[10]. La préoccupation primordiale de ce droit est de déterminer, dans chaque cas, quel est le droit national applicable aux situations qui comportent un élément d'extranéité en raison soit de la nationalité des personnes en cause, soit de la situation d'un bien ou encore du lieu de passation d'un contrat.

---

9 MASCLET (Jean-Claude) et ETIEN (Robert), *Droit public général*, op. cit. p. 13.

10 MAYER (Pierre), *Droit international privé*, Editions Montchrestien, Paris, 1977, p. 2.

PREMIÈRE PARTIE : LES ÉLÉMENTS ESSENTIELS DE DROIT CONSTITUTIONNEL

CHAPITRE I : L'ÉTAT

L'État est une personne morale, distincte des éléments qui la composent. C'est le premier sujet de droit international et le seul titulaire de la souveraineté. Il est le premier aussi dans le sens où il est le seul sujet originaire de droit international.

L'État répond à la définition suivante : c'est un groupement d'individus fixé sur un territoire déterminé et placé sous l'autorité effective d'un gouvernement.

Trois éléments doivent être réunis pour qu'existe un État : le territoire, la nation et le pouvoir politique. Pour avoir une existence pleine et entière, un État doit être reconnu par la communauté internationale.

Il convient de retenir qu'une communauté internationale est un ensemble d'États regroupés dans une fiction juridique ayant son propre patrimoine de droits subjectifs, distinct de celui des États, et son propre public. La communauté internationale est d'abord une construction politique destinée à limiter la souveraineté des États au nom de droits supérieurs, et notamment les droits de l'homme.

Quant à la société internationale, elle est l'ensemble des acteurs des relations internationales, aussi bien les sujets incontestés du droit international (États et organisations internationales) que les autres membres (individus, organisations non gouvernementales, sociétés transnationales).[11]

Avant de passer en revue les éléments constitutifs de l'État, il est primordial d'analyser ses diverses théories.

SECTION I : LES DIVERSES THÉORIES DE L'ÉTAT

Cette section développe :
- les théories de l'origine naturelle ;
- la théorie du contrat social ;
- la conception socialiste de l'État ;
- la conception pluraliste de l'État ;
- la conception moderne : l'État de droit

A - LES THÉORIES DE L'ORIGINE NATURELLE

Selon ces théories de l'origine naturelle, l'État est le résultat d'un processus naturel qui trouve son origine dans les analyses sociologiques de l'évolution des sociétés humaines.

La naissance de l'État ne repose pas sur la volonté des hommes, mais sur un événement ou une succession d'événements ou de transformations.

Le processus de création peut être rapide ou lent, souvent violent (par la conquête, la dislocation d'un Empire...) ou pacifique (les circonstances veulent que des structures, même primitives, se mettent en place pour gé-

11. CHRESTIA (Philippe), *Relations internationales. Panorama du droit*, Studyrama, Levallois-Perret, 2004, p. 12.

rer un ou plusieurs groupes – par exemple des tribus vivant sur un même territoire – ou une société).[12]

L'analyse marxiste a repris à son compte cette théorie de l'origine naturelle de l'État. Ce dernier apparaît naturellement pour résoudre les différends économiques et sociaux inhérents aux sociétés capitalistes.

B - LA THÉORIE DU CONTRAT SOCIAL

L'État a une origine contractuelle pour de grands auteurs comme Hobbes, Locke et Rousseau. Le contrat social va permettre à l'homme de sortir de l'état de nature pour s'organiser en société civile.

Ici, la théorie du contrat social explique comment l'individu possède des droits qu'il remet à l'État afin d'en garantir l'exercice. Ces droits ainsi reconnus sont opposables à l'État et constituent, pour leurs titulaires, des capacités. L'État se doit d'en favoriser l'exercice dans les limites du territoire déterminées par les frontières.

La fonction première de l'État est donc une fonction protectrice : protéger les libertés de ses citoyens, qui ellesmêmes produisent des identités.[13]

Or, la mondialisation, qui se caractérise par l'explosion des échanges et des flux et par le développement quasi exponentiel des moyens de communication, provoque une crise généralisée de l'État, qui n'est plus apte à jouer le

12. Centre de publications universitaires, *Droit constitutionnel et institutions politiques*, Paris, p. 16.
13. CHRESTIA (Philippe), *Relations internationales. Panorama du droit*, Studyrama, Levallois-Perret, 2004, p. 40.

rôle qui lui est historiquement donné. Le territoire, élément fondamental dans la formation des États, perd de sa signification et entraîne de ce fait la disparition des identités.[14]

N.B. : La théorie du contrat social n'a jamais connu d'application dans l'histoire. Pourtant, elle met en évidence le fait que les hommes, à un moment de leur histoire, sont amenés à s'unir pour survivre. De plus, seule cette théorie permet de donner une explication juridique à la formation des États (puisque l'autre mode de fondation de l'État, la violence, exclut toute explication juridique).[15]

C - LA CONCEPTION SOCIALISTE DE L'ÉTAT

Cette conception est inspirée de la doctrine marxiste-léniniste. Elle considère l'État comme un instrument d'oppression et de conservation du pouvoir au service de la classe dominante qui est la classe bourgeoise.

De ce fait, la révolution prolétarienne doit encourager le peuple à s'emparer de l'État. L'État est un lieu d'affrontement dans la conception socialiste.

Enfin, l'établissement du communisme marquant la fin de la lutte des classes doit entraîner le dépérissement de l'État. Le mot « dépérissement de l'État » veut dire que la fin du pouvoir de l'État coïncidera avec la réalisation de la société sans classe. Le gouvernement des personnes fait place à l'administration des choses.

---

14. CHRESTIA (Philippe), *Relations internationales. Panorama du droit*, op. cit., p. 40.
15. Centre de publications universitaires, op. cit., p. 16.

D - LA CONCEPTION PLURALISTE DE L'ÉTAT

La conception pluraliste de l'État avantage la cohésion du groupe social, la communauté d'intérêts qui l'anime, donc c'est l'intérêt général qui est placé devant. Ici, l'État est au service de tous ; c'est un lieu de consensus et il crée du consensus. Cette conception est celle que l'on retrouve dans les démocraties pluralistes (exemple : le Canada, les USA…).

E - LA CONCEPTION MODERNE : L'ÉTAT DE DROIT

Ce concept, très utilisé en Allemagne au XXe siècle, n'apparaît que tardivement en France avec Carré de Malberg. La plupart des classiques (Duguit, Hauriou, Barthélémy) ne lui accordent que peu d'importance. Aujourd'hui, il fait l'unanimité, aussi bien à droite qu'à gauche (…).[16]

Aujourd'hui, tout le monde s'accorde à reconnaître que l'État moderne doit être un État de droit.

SECTION II : LES ÉLÉMENTS CONSTITUTIFS DE L'ÉTAT

Il faut citer trois éléments très importants à la formation d'un État, à savoir : un élément géographique qu'est le territoire, un élément démographique qu'est la population et un élément politique qu'est le gouvernement. S'y rajoute un quatrième élément, non constitutif de l'État, simplement déclaratif : la reconnaissance.

---

16. MASCLET (Jean-Claude) et ETIEN (Robert), *Droit public général*, op. cit., p. 31.

A - LE TERRITOIRE

C'est un élément d'ordre géographique qui est fondamental de l'État. Il ne peut pas y avoir d'État sans territoire, même de petite superficie.

Le territoire d'un État est délimité par des frontières, lignes de séparation déterminées entre États limitrophes. Il se définit comme l'espace comprenant des éléments terrestres et non terrestres (espace aérien, éventuellement espace maritime) dans le cadre duquel il exerce sa souveraineté.

1. Le territoire terrestre

Il repose sur des frontières stables et définitives. « Celles-ci peuvent être délimitées par traité (c'est la procédure courante), unilatéralement (cas des frontières jouxtant un territoire international) ou par un juge ou un arbitre. Une frontière est déterminée de manière plus précise au moyen de cartes. C'est l'opération de démarcation. Enfin, l'abornement constitue l'opération matérielle de délimitation sur le terrain. La frontière fixe la limite au-delà de laquelle la compétence de l'État ne peut plus s'exercer valablement.[17]

Il faut retenir que le territoire terrestre comprend les fleuves, les lacs et les mers intérieures. Il n'est pas nécessairement d'un seul tenant : c'est le cas de la Malaisie, qui s'étend en partie sur la presqu'île de Malacca et en partie sur l'île de Bornéo, ou des États-Unis.

---

17. CHRESTIA (Philippe), *Relations internationales. Panorama du droit*, op. cit., p. 35.

2. Le territoire maritime

Il est composé de plusieurs espaces sur lesquels la souveraineté de l'État va en s'affaiblissant au fur et à mesure que l'on se dirige vers le large. À partir des lignes de base, on distingue trois types d'espace.

2.1. Le premier (eaux intérieures et mer territoriale, large de 12 milles) correspond à des espaces où l'État a « la souveraineté pleine et entière. Il se caractérise par la possession de compétences économiques et de police. C'est dans cette zone, toutefois, que les États doivent garantir aux autres navires un droit de passage inoffensif. »[18]

2.2. La zone contiguë, large de 24 milles à partir des lignes de base, prolonge la mer territoriale et constitue le deuxième type d'espace sur lequel l'État a toujours la souveraineté, mais ne possède plus que des compétences pour faire respecter sa législation (douanière, fiscale, sanitaire…).

2.3. La zone économique exclusive (ZEE)

L'État exerce des droits souverains pour ce qui concerne l'exploration et l'exploitation des ressources économiques. La zone économique exclusive s'étend jusqu'à 200 milles nautiques (12+ 188). Au-delà, s'étend la haute mer, ouverte à tous les États, riverains ou non, en vertu de liberté qui la caractérise[19].

---

18. CHRESTIA (Philippe), *Relations internationales. Panorama du droit*, op. cit., p. 35.
19. DOLEZ (Bernard), *Institutions politiques*, Litec, Paris, 1998, p.7.

3. Le territoire aérien

L'espace s'arrête à l'espace extra-atmosphérique où évoluent les satellites artificiels qui échappent à la gravité terrestre. Des conventions internationales ont été conclues depuis 1967, mais aucune ne fixe précisément l'altitude à laquelle s'arrête la compétence étatique. La convention de Chicago du 7 décembre 1944 permet cependant le survol en temps de paix des territoires nationaux par tous les avions.

B - LA NATION

1. Définition

La nation est un élément d'ordre psychologique. Ce n'est pas seulement une somme d'individus, mais une communauté. Cela veut dire un groupe présentant une certaine cohésion.

Pour définir une nation, il faut réunir trois critères :

- **Premier critère : ethnoculturel**

Une nation = une langue ; une religion ; un passé partagé.

- **Deuxième critère : géographique**

Une nation = un territoire. La nation n'est soumise à aucune autorité extérieure.

- **Troisième critère : socio-politique**

Une nation = le fait de prendre conscience d'appartenir à une communauté.

Remarques

Un État et une nation : la France.
Un État et plusieurs nations : la Belgique.
Une nation sans État : les Kurdes.

2. Deux conceptions de la nation

2.1. La conception objective de la nation

C'est une conception allemande qui insiste sur des éléments objectifs pour épingler le groupe national. Il s'agit là des éléments suivants : la langue, la religion, la culture, la géographie et la race. Cette conception déterministe de la nation a été développée par des auteurs allemands comme Fichte (1762-1814) dans ses célèbres discours à la nation allemande qui datent de 1807-1808.

2.2. La conception subjective de la nation

La conception subjective de la nation est un produit pur de la conception française. Selon cette conception, les individus forment une nation parce qu'ils le veulent bien. Quelle que soit leur race, quelle que soit leur langue, ils ont cette volonté de vivre ensemble.

Elle a été défendue à la fin du XIXe par Fustel de Coulanges qui répondait à l'allemand Mommsen. Il a utilisé la conception raciale et linguistique de la nation pour mener à bien l'annexion de l'Alsace par l'Allemagne.

Elle a été également défendue par Renan dans la fameuse conférence qu'il tint le 11 mars 1882 à la Sorbonne, ou encore par Michelet (1798-1874).

C - LA SOUVERAINETÉ DE L'ÉTAT

L'État est souverain d'après l'article 2 paragraphe 1er de la Charte de l'ONU. Le terme 'souveraineté' signifie « pouvoir originaire, pouvoir inconditionné, pouvoir suprême »[20]. La souveraineté de l'État se scinde en deux :

1. La souveraineté interne

L'État exerce « un pouvoir suprême, absolu et illimité de décider qui n'est contraint par aucune autre règle ou autorité. Maître de lui-même, il définit ses compétences ; il détient la compétence de compétence et seul détermine les règles qui sont applicables. Les particuliers doivent en appeler à lui pour faire sanctionner la violation de ces règles qui leur serait préjudiciable sans pouvoir se faire justice eux-mêmes. »[21]

La souveraineté interne ne trouve comme limite éventuelle que les droits des citoyens, lesquels peuvent remettre en cause les gouvernants (élection, révolution) si ceux-ci mettent en œuvre une politique que les premiers contestent.[22] Les dommages causés aux tiers par les agents de l'État entraînent éventuellement la responsabilité de celui-ci.

Autrement dit, il y a l'existence d'une supériorité de l'État par rapport à tous les individus et à tous les groupes qui se trouvent sur son territoire.

---

20. VIALLE (Pierre), avec la collaboration de LAJOIE (Jean-Louis) et TOMASI (Jean-Paul), *Droit constitutionnel et science politique*, tome 1.
21. Jurifiche 2004 sur le droit constitutionnel (I), Beauvais, 1998.
22. POUVERT (Bertrand), *Droit constitutionnel*, Studyrama, Levallois-Perret, 2004, p. 46.

2. La souveraineté internationale

Dans le cadre de la souveraineté internationale, l'État est indépendant et aucun autre État ne peut s'ingérer dans ses affaires. En revanche, les États peuvent consentir à limiter leur souveraineté par des traités internationaux.

D - LA PERSONNALITÉ

L'État est représenté par un gouvernement qui est une autorité politique organisée, distincte des individus qui la composent. Il a la personnalité morale. Il a la capacité juridique, un patrimoine, des droits et des obligations et une continuité indépendante des individus et des organes qui l'incarnent.

SECTION III : LES FORMES DE L'ÉTAT

Les États peuvent être classés selon leur mode d'organisation. À cet effet, on distingue deux sortes d'État: l'État unitaire et l'État composé ou composite.

A - L'ÉTAT UNITAIRE

Comme son nom l'indique, l'État unitaire privilégie le central au détriment du local. C'est la forme la plus répandue.

Selon l'article 1er de la Constitution de la IIIe République, la République démocratique du Congo est « une République indivisible ». De ce fait, la République démocratique du Congo est bel et bien un État unitaire, dans le sens où celui-ci n'admet qu'un seul centre de décision politique. Ce principe admet néanmoins des aménagements : la déconcentration et la décentralisation.

Toutefois, un État unitaire peut être administré de plusieurs façons.

1. Le principe de l'unité

L'État unitaire est un État centralisé. Ceci signifie que l'autorité sur le pays est exercée par un seul pouvoir politique, par un seul centre de décision. Il y a un souci de cohérence dans la diffusion et la transmission de la volonté politique du centre vers la périphérie.

Ce système implique l'unicité des autorités politiques[23] :

- un seul gouvernement (donc un seul exécutif) ;
- un seul Parlement ;
- une seule organisation juridictionnelle (système judiciaire).

2. La déconcentration

En République démocratique du Congo, la déconcentration est un mode de gestion de l'État dans lequel les autorités du gouvernement central délèguent aux autorités locales une fraction de l'exercice de leur pouvoir, pour un certain nombre de matières précises. Les différentes entités territoriales déconcentrées de la République démocratique du Congo sont : le territoire, le quartier, le groupement et le village.

Selon le principe de l'acte contraire, ils peuvent annuler cette délégation à tout moment. Les entités déconcentrées

23 . Centre de publications universitaires, op. cit., p. 24.

ne jouissent pas d'une personnalité juridique propre, ni d'aucune autre forme d'autonomie. Le contrôle qui s'exerce sur leurs actes est hiérarchique.

En résumé, la déconcentration n'est qu'une délégation du pouvoir administratif et en aucun cas du pouvoir politique. Enfin, la déconcentration ne modifie pas la nature des relations entre l'État et les administrés.

Elle vise à améliorer l'efficacité de l'action de l'État en transférant certaines attributions à l'échelon administratif central aux fonctionnaires locaux.

3. La décentralisation

La décentralisation est réalisée dans certains pays par des lois. En République démocratique du Congo, elle est une prescription de la Constitution du 18 février 2006.

En République démocratique du Congo, la décentralisation peut être définie essentiellement comme un mode d'organisation et de gestion par lequel l'État transfère une partie des pouvoirs, des compétences, des responsabilités et des ressources aux provinces et aux entités territoriales décentralisées, dotées d'une personnalité juridique distincte de la sienne et gérées par des organes élus.

La décentralisation est un mode de gestion de l'État dans lequel la loi établit par avance et clairement les compétences et les pouvoirs réservés au gouvernement central et aux entités décentralisées. Il existe au niveau local des organes élus qui ont, parmi leurs attributions, des fonctions législatives règlementaires et de contrôle de l'organe exécutif local en vue de faire participer la population à la gestion de la chose publique au niveau local. Les entités décentralisées jouissent d'une personnalité juridique propre, mais aussi de diverses formes d'autonomie (de gestion, budgétaire, en matière de ressources humaines, etc.). Un contrôle de tutelle s'exerce sur les actes des entités décentralisées. À la différence du contrôle hiérarchique, le contrôle de tutelle doit respecter des formes et des modalités particulières afin de préserver l'autonomie des entités décentralisées.

En termes clairs, la décentralisation donne lieu à un transfert de compétences du pouvoir central au profit d'autorités locales. Mais, à la différence de la déconcentration, les compétences de la décentralisation ne sont pas déléguées à des agents de l'État, mais à des autorités locales, distinctes de l'État et autonomes.

Elle rapproche le processus de décision des citoyens, favorisant l'émergence d'une démocratie de proximité.

On distingue deux sortes de décentralisation : la décentralisation territoriale et la décentralisation fonctionnelle ou technique.

3.1. La décentralisation territoriale

Elle permet à des représentants élus de régler des affaires administratives.

3.2. La décentralisation fonctionnelle ou technique

Elle permet aux établissements publics à vocation spéciale de disposer d'une certaine autonomie administrative, avec leurs propres organes de décision (exemple : conseil d'administration) et un budget autonome.

4. La régionalisation

En matière d'organisation territoriale, la régionalisation est une forme de décentralisation au profit des régions ou provinces auxquelles un État accorde une autonomie administrative et transfère certaines de ses prérogatives.

La régionalisation se rapproche du fédéralisme compte tenu du fait que les compétences attribuées aux régions sont très importantes. L'Italie et l'Espagne sont deux États dont les constitutions illustrent la situation de la régionalisation.

Dans les deux pays, on reconnaît l'existence de régions ou provinces dotées de la personnalité juridique, d'un pouvoir d'auto-organisation (elles adoptent leur statut), d'un pouvoir législatif (elles adoptent les lois) et administratif.

B - L'ÉTAT COMPOSÉ OU COMPOSITE

L'État composé est tout d'abord un État complexe ; ensuite, il est un État d'État qui n'a pas le même degré d'intégration. On distingue trois sortes d'État composé : la confédération d'États, la fédération d'États et les unions d'États.

1. La confédération d'États

Par définition, la confédération d'États désigne une association, une alliance entre plusieurs États indépendants qui se regroupent sans renoncer entièrement à leur souveraineté et à leur autonomie. Ces États délèguent l'exercice de certaines compétences à un pouvoir central constitué d'organismes interétatiques dont presque toutes les décisions doivent être prises à l'unanimité des États membres.

La confédération respecte en principe la souveraineté internationale de ses membres au regard du droit international. Son statut est établi sur la base d'un traité qui ne peut être modifié qu'avec l'accord unanime de tous les signataires.[24]

Actuellement, il n'existe officiellement aucune confédération. Seule l'Union de la Russie et de la Biélorussie est de facto une confédération, car elle remplit tous les critères, mais tend à s'acheminer petit à petit vers une fédération. La communauté des États indépendants est également considérée comme une confédération.

Historiquement, il y a quelques exemples de la confédération d'États :

- la Confédération suisse avant 1848 ;
- la confédération des États-Unis d'Amérique de 1777 à 1789 ;
- la confédération germanique de 1815 à 1866 ;
- la République arabe unie (RAU) constituée de l'Égypte et de la Syrie entre 1958 et 1961.

2. État fédéral

Il est « une catégorie juridique d'État composé ou complexe, dénommée aussi fédération qui est un regroupement de plusieurs États souverains, avec un partage des pouvoirs entre l'échelon fédéral et l'échelon territorial, sous la forme d'un pacte qui garantit à chaque entité les compé-

24. *Toupictionnaire*, dictionnaire politique de La Toupie.

tences nécessaires à la gestion de leurs intérêts autonomes. »[25]

D'un point de vue juridique, une fédération est fondée sur une constitution et une souveraineté.

La dissolution d'un État fédéral est impossible, sauf lorsque le droit de sécession est reconnu.

On distingue deux grands types de fédéralisme : par association et par dissociation. Ajouté à cela, il faut savoir que l'État fédéral a trois principes : la superposition, l'autonomie et la participation.

a. Grands types de fédéralisme

a.1. Par association

À l'image des États-Unis d'Amérique ou de la Suisse, c'est une association d'États qui, au départ, étaient indépendants les uns des autres, puis ont décidé de se réunir pour former un seul État : État fédéral. Chaque État fédéré va abandonner sa souveraineté internationale.

a.2. Par dissociation

Il y a le fédéralisme par voie de dissociation, lorsqu'un État unitaire se fragmente pour différentes raisons, par exemple pour cause d'absence d'unité au sein de la population. On cherche alors à préserver une certaine cohésion par l'intermédiaire du fédéralisme. Par exemple, la Belgique en 1993, avec les Flandres, la Wallonie et Bruxelles, ou encore les États baltes en URSS. Cependant, ce fédéralisme pose des problèmes, car le lien fédératif ne suffit pas

---

25. *Toupictionnaire*, dictionnaire politique de La Toupie.

toujours, ce qui produit l'éclatement de l'État fédéral, comme avec la Tchécoslovaquie.

b. Les principes d'un État fédéral

b.1. Le principe de superposition des États

Le principe de superposition signifie que les États fédérés qui composent l'État fédéral constituent le socle et le fondement de cet État fédéral qui exercera certaines compétences au nom des États fédérés.

À travers le principe de superposition, les États fédérés voient consacrer à la fois leur reconnaissance en tant qu'État mais également l'acceptation d'une superstructure qui exercera certaines compétences en leurs lieu et place.

En termes clairs, l'État fédéral est placé au-dessus des États fédérés ; il monopolise des compétences diplomatiques et militaires sur le plan international. Sur le plan interne, le droit fédéral l'emporte systématiquement sur le droit des États fédérés. Les États fédérés doivent respecter, outre leur propre constitution, une norme fédérale (la constitution fédérale) ; par conséquent, la fédération doit respecter les différentes constitutions des États fédérés, ainsi que leurs droits. L'État fédéré ne peut souverainement déterminer ses propres compétences.

b.2. Le principe d'autonomie des États (fédérés et fédéral)

Le principe d'autonomie signifie que les États fédérés et fédéral disposent d'une sphère de compétences propres dans laquelle les autres entités ne peuvent pas intervenir.

Chaque État les exerce sans ingérence des autorités fédérales. Généralement, « la constitution fédérale détermine les compétences de l'État fédéral et précise que tout ce qui n'est pas de la compétence de l'État fédéral est de celle des États fédérés »[26]. Les États fédérés établissent leurs propres constitution et corps législatif ; ils ont leurs propres organes exécutif (gouverneur aux États-Unis d'Amérique), législatif (parlement local) et judiciaire (cour suprême de New York, en anglais *New York Supreme Court*).

b.3. Le principe de participation des États

L'État fédéral étant l'œuvre volontaire des entités fédérées, il est logique que ces dernières participent à la vie et au fonctionnement des institutions fédérales.

Ceci justifie que les États fédéraux disposent d'un Parlement bicaméral, c'est-à-dire composé de deux chambres, l'une représentant la population dans son ensemble (la Chambre des représentants aux États-Unis, le Bundestag en RFA), l'autre les entités fédérées (le Sénat américain, Bundesrat allemand)[27].

Aux États-Unis, le Sénat comprend 100 sénateurs, à raison de deux sénateurs par État ; en Suisse, au Mexique, chaque État a droit à deux sièges ; au Brésil et en Argentine à trois sièges ; en Australie à douze. C'est là une règle qui découle du principe de droit international en vertu duquel les États, étant souverains, sont égaux.

---

[26] CHANTEBOUT (Bernard), *Droit constitutionnel*, Armand Colin, Paris, 2005, p. 64.
27. CHANTEBOUT (Bernard), *Droit constitutionnel*, op. cit., p. 64.

3. Les unions d'États

Les unions d'États associaient plusieurs États gouvernés par un seul souverain.

Cette formule d'association d'États n'existe plus à l'heure actuelle. Il convient de souligner que, dans le passé, deux catégories d'union d'États étaient opposées : les unions personnelles et les unions réelles.

3.1. Les unions personnelles

Elles sont accidentelles et temporaires : elles ne durent pas après le décès de la personne. Deux États indépendants se retrouvent sous la forme d'une union d'États par le hasard des lois successorales. L'exemple le plus frappant : le roi de Belgique était possesseur du Congo.

3.2. Les unions réelles

Contrairement aux précédentes, ce type d'union ne relève pas du hasard, mais d'un choix, d'un acte juridique. L'exemple classique est deux États limitrophes voulant s'étendre : ils décident de mettre en commun une partie de leurs institutions. Exemple : la Hongrie et l'Autriche avaient, de 1867 à 1916, leur organe mixte en commun.

CHAPITRE II : LA CONSTITUTION

La notion de constitution est à la base du fonctionnement de tous les régimes politiques contemporains. Il s'agit donc d'une notion fondamentale, chaque constitution comprenant l'essentiel des règles qui régissent le fonctionnement des pouvoirs publics. Toute société politique comporte un corps de règles, écrites ou non, destinées à fixer les modalités d'acquisition et d'exercice du pouvoir politique.

On examinera les points suivants : la notion et les fonctions de la constitution, la création de la constitution (le pouvoir constituant), les formes des constitutions et le contrôle de la constitutionnalité.

SECTION I : LA NOTION DE CONSTITUTION

A - L'ORIGINE DE LA CONSTITUTION

Le mot constitution, statut de l'État, a été employé à partir du XVIIIe siècle par les philosophes du Siècle des lumières. Un courant de pensée – le constitutionnalisme –, sous la conduite de Locke et Montesquieu, envisagera le remplacement de la constitution écrite par des constitutions coutumières, souvent jugées vagues et imprécises, qui offrent au monarque un pouvoir largement discrétionnaire. La constitution écrite est une démarche occidentale qui mène un combat décisif en faveur d'un État libéral et modéré, à l'opposé de l'absolutisme royal. La constitution doit limiter les pouvoirs très étendus du monarque et préciser les droits du citoyen.

À propos de constitutionnalisme, deux aspects sont à distinguer : classique et moderne. Le constitutionnalisme « classique » a vu le jour avec la rédaction des constitutions dites « révolutionnaires » ; en revanche, le constitutionnalisme « moderne » apparaît avec la constitutionnalité des lois. Il insiste sur la supériorité de la loi fondamentale et sur le respect des droits fondamentaux.

B - OBJET D'UNE CONSTITUTION

La constitution est à la fois l'acte politique à valeur juridique et la loi fondamentale qui régit l'ensemble des rapports entre gouvernants et gouvernés.

Autrement dit, la constitution est un ensemble de textes juridiques qui définit les différentes institutions composant l'État et qui organise leurs relations.

Elle a donc pour objet de :

- garantir les droits fondamentaux des citoyens en posant notamment les principes suivants :
    - ▶ le suffrage universel, source de la légitimité du pouvoir ;
    - ▶ l'égalité des citoyens devant la loi ;
    - ▶ l'indépendance de l'autorité judiciaire pour assurer le respect des libertés individuelles ; etc.
- définir et organiser les pouvoirs publics composant l'État ; à cet effet, elle doit :

▶ définir les compétences des différents organes de l'État ainsi que leur mode de désignation ;

▶ déterminer les rapports entre les différents pouvoirs et la possibilité d'un contrôle mutuel entre eux ;

▶ fixer la répartition des compétences sur l'ensemble du territoire national en définissant l'organisation de l'État qui peut être soit unitaire centralisé ou décentralisé, soit fédéral.

C - LES DIFFÉRENTES FORMES DE CONSTITUTION

1. La distinction entre la constitution coutumière et la constitution écrite

1.1. La constitution coutumière

Jusqu'au XVIIIe siècle, toutes les constitutions sont issues de la coutume.

La coutume est le fait qui précède la règle, un mode de formation de droit par des usages dont la répétition engendre le sentiment de l'obligation.[28]

On peut définir la constitution coutumière comme l'ensemble des règles de l'organisation politique du pays qui résultent d'usages, de coutumes et de précédents sans que ceux-ci soient codifiés dans un document officiel.

La Grande-Bretagne est toujours sous une constitution coutumière, elle ne possède pas de constitution écrite.

---

28 Netcampus.free.fr.

C'est le seul État occidental où l'écrit n'a jamais été jugé nécessaire.

La constitution coutumière a quatre principales caractéristiques[29] :

- Elle n'est pas réfléchie, car elle ne procède pas d'un choix ni d'une construction rationnelle ;
- Elle est imprécise, car elle ne prévoit pas tous les cas possibles ;
- Elle n'est pas démocratique dans son élaboration, car le peuple n'y est pas associé ;
- D'un autre côté, contrairement à une constitution écrite, une constitution orale est souvent moins sujette aux aléas de la politique.

1.2. La constitution écrite

Elle s'est imposée à la fin du XVIIIe siècle. Les plus célèbres sont celle des États-Unis d'Amérique, qui date de 1787, et celle de la France, qui date de 1791, mais dont le préambule est la Déclaration des droits de l'homme et du citoyen de 1789 (...). Tout au long du XIXe siècle, beaucoup de juristes vont être persuadés qu'on peut tout régler par écrit et que la coutume n'a plus désormais aucune place dans le droit constitutionnel.[30]

Une constitution écrite est généralement organisée en plusieurs parties appelées titres, eux-mêmes divisés en articles et alinéas.

---

29 Netcampus.free.fr.

30. ACQUAVIVA (Jean-Claude), *Droit constitutionnel et institutions politiques*, 8e édition, Gualino éditeur, Paris, 2005, p. 61.

Par définition, la constitution écrite est une constitution qui est formalisée dans un document unique ou dans un ensemble de lois dites constitutionnelles, dont la valeur juridique est considérée comme supérieure à celles des autres règles juridiques.

Autrement dit, la constitution écrite, c'est l'ensemble de règles de l'organisation politique du pays qui sont expressément écrites dans un document officiel. C'est le cas de la plupart des constitutions actuelles.

Son adoption peut se faire :

- par consultation directe du peuple (référendum) ;
- par le Parlement à une majorité qualifiée ;
- par le Parlement à la majorité simple, comme pour les autres lois ;
- par le souverain, si celui-ci n'est pas le peuple.

2. La distinction entre la constitution matérielle et la constitution formelle

2.1. La constitution matérielle

La définition matérielle de la constitution prend en compte son contenu, c'est-à-dire toutes règles, écrites ou non, qui touchent à l'acquisition et à l'exercice du pouvoir. Ce sont des règles fondamentales de l'État. Elles concernent : la définition de la nature de l'État, l'aménagement des rapports entre les institutions.[31]

2.2. La constitution formelle

La définition formelle ou organique prend en compte la procédure juridique de la constitution. Ce n'est plus le

31. Centre de publications universitaires, op. cit., p. 31.

contenu qui détermine le caractère constitutionnel des dispositions, mais leur mode d'adoption. « La constitution est formée de l'ensemble des règles juridiques adoptées par un organe spécifique (par exemple, une assemblée constituante) ou selon une procédure spécifique. Cette procédure marque ainsi la supériorité sur la procédure législative ordinaire et, par là même, la supériorité de la constitution sur la loi. Cependant, seule l'existence d'un contrôle de constitutionnalité de la loi permet de vérifier la réalité de cette supériorité. »[32]

3. La distinction entre la constitution souple et la constitution rigide

3.1. La constitution souple

La constitution est considérée comme souple lorsqu'elle peut être révisée de la même façon qu'est adoptée ou modifiée une loi ordinaire. Ce qui veut dire que la procédure utilisée ramène la constitution au niveau de la loi. C'est le cas de la loi britannique ; il n'y a pas de contrôle constitutionnel, puisqu'il n'existe pas de différence entre les normes constitutionnelles et les normes ordinaires.

En termes clairs, une constitution est dite souple « dès lors qu'il n'existe aucune procédure particulière qui permette de procéder à une révision, et alors n'importe quelle loi peut modifier le texte constitutionnel. Dans ce sens de figure, il n'existe pas une réelle supériorité de la constitution sur la loi, puisque toute loi peut venir modifier le texte fondateur censé lui être supérieur ; par ailleurs, l'existence d'une constitution souple rend impossible la mise en œuvre d'un contrôle de constitutionnalité des lois. »[33] En

32. Centre de publications universitaires, op. cit., p. 32.
33. POUVERT (Bertrand), *Droit constitutionnel*, op. cit., pp. 130-131.

un mot, quand elle peut être modifiée dans les mêmes conditions qu'une loi ordinaire.

3.2. La constitution rigide

La constitution rigide est « celle qui est adoptée et modifiée dans des conditions et des formes plus strictes que celles régissant l'adoption ou la modification des lois ordinaires. Une constitution rigide ne peut en principe être modifiée par la loi ordinaire (à moins que la violation de la constitution par le législateur ordinaire ne fasse pas l'objet d'une sanction, notamment par un juge constitutionnel). Il serait possible de distinguer, au sein des constitutions rigides, celles qui prévoient un contrôle de constitutionnalité des lois de celles qui ne le prévoient pas.

L'intérêt de la rigidité est d'éviter les abus politiques, de protéger les droits et libertés. Le problème, c'est qu'on empêche toute évolution. Or, une constitution doit évoluer pour tenir compte des institutions. La rigidité empêche le perfectionnement et le renforcement et, si jamais il y a un blocage, on arrive à un coup d'État. Il faut donc trouver un juste milieu entre les deux : elle doit être rigide, mais pas trop.

De plus, il faut éviter qu'un seul pouvoir maîtrise l'intégralité de la procédure de révision, sinon on risque une révision dans son intérêt et une concentration des pouvoirs, d'où un risque d'atteinte aux libertés.

4. La distinction entre la constitution politique et la constitution sociale

4.1. La constitution politique

Elle définit le statut des gouvernants. Elle détermine la composition et le fonctionnement de chacun des pouvoirs : les compétences de l'exécutif et du législatif, le mode de séparation des pouvoirs, la forme du gouvernement et le caractère unitaire ou fédéral de l'État.

4.2. La constitution sociale

Elle fixe le statut des gouvernés. Elle consiste à énumérer les droits et les libertés des citoyens. Elle exprime la philosophie politique de la société.

C'est un principe, dans le préambule de la constitution ou dans une déclaration des droits placés en tête du texte constitutionnel, que l'on va énoncer les droits des citoyens.

5. Valeurs constitutionnelles

La constitution est fondée sur les valeurs suivantes :

- l'État de droit ;
- le respect des principes de la souveraineté nationale ;
- la forme républicaine du gouvernement ;
- le respect des droits de l'homme ;
- le respect de toutes les croyances ;
- la libre détermination des peuples ;
- l'égalité devant la loi de tous les citoyens sans distinction d'origine, de race, ou de religion ;

- l'égal accès des femmes et des hommes aux mandats électoraux et fonctions électives, ainsi qu'aux responsabilités professionnelles et sociales ;
- la liberté, le pluralisme et l'indépendance des médias ;
- nul ne peut être arbitrairement détenu ;
- nul ne peut être condamné à la peine de mort.

6. La constitution et la souveraineté nationale

La souveraineté nationale appartient au peuple qui l'exerce par ses représentants et par la voie du référendum. Le suffrage peut être direct ou indirect. Il est toujours universel, égal et secret. Tous les nationaux majeurs jouissant de leurs droits civils et politiques sont électeurs.

Les partis et groupements politiques[34] :
- se forment et exercent leur activité librement ;
- concourent à l'expression du suffrage ;
- respectent les principes de la souveraineté nationale et de la démocratie ;
- contribuent à la mise en œuvre de l'égal accès des femmes et des hommes aux mandats électoraux et fonctions électives.

La loi garantit les expressions pluralistes des opinions et la participation équitable des partis et groupements politiques à la vie démocratique de la nation.

34. GRANDGUILLOT (Dominique), *Les institutions de la Ve République*, Gualino Lextenso éditions, Paris, 2008, p. 8.

SECTION II : LA CRÉATION DE LA CONSTITUTION ET LE CONTRÔLE DE CONSTITUTIONNALITÉ

Qui pourra élaborer, modifier ou contrôler la constitution ?

A - LA CRÉATION OU L'ÉLABORATION D'UNE CONSTITUTION

La création ou l'élaboration d'une constitution est l'œuvre du pouvoir constituant. À côté du pouvoir constituant existe ce qu'on appelle les pouvoirs constitués.

1. Le pouvoir constituant

Il est celui qui est mis en place pour l'élaboration et la révision d'une constitution. Il est aussi appelé la super légalité.

Il existe deux sortes de pouvoir constituant : le pouvoir constituant originaire et le pouvoir constituant dérivé.

1.1. Le pouvoir constituant originaire

Il est un pouvoir d'élaboration d'une constitution qui peut être démocratique ou non démocratique.

1.2. Le pouvoir constituant dérivé

C'est celui qui est habilité à réviser la constitution, selon la procédure et dans les limites prévues par le pouvoir constituant originaire :

- **Les limites temporelles** : la constitution ne pourra être modifiée dans certaines circonstances qu'à compter de l'expiration d'un certain délai…
- **Les limites matérielles** : le pouvoir constituant ne pourra toucher qu'à certaines matières.
- **Les limites formelles** : une procédure spéciale de révision peut être prévue. Contrairement à la constitution **souple** (peu de limites, donc limites : elle peut être modifiée dans les mêmes conditions qu'une loi ordinaire), est dite **rigide** (beaucoup de limites, elle prévoit une procédure spéciale et renforcée pour sa révision) la constitution qui ne permet pas à un pouvoir constitué (pouvoir public) de modifier seul la constitution, mais requiert le respect d'une procédure spéciale plus contraignante que celle requise pour l'adoption d'une loi.

2. Les pouvoirs constitués

Selon Maurice Hauriou, les pouvoirs constitués ou pouvoirs publics sont ceux de volonté en vertu desquels les organes de l'État exercent les fonctions de celui-ci. Ces organes peuvent être : le président de la République, le gouvernement, l'Assemblée nationale, le Sénat, etc. Autrement dit, « ils découlent de la constitution établie par le constituant : ce sont le pouvoir législatif, le pouvoir exécutif et le pouvoir judiciaire qui tirent leurs principales compétences de la constitution. »[35]

3. L'initiative de réviser une constitution

Le titulaire de l'initiative peut être le chef de l'État, le gouvernement, le Parlement, le peuple…

---

35. OLIVA (Éric), *Droit constitutionnel*, op. cit., p. 11.

4. Le titulaire du pouvoir constituant

Le titulaire du pouvoir constituant peut être le peuple, les représentants du peuple, le chef de l'État et le pouvoir constituant partagé à la fois entre le chef de l'État et une ou plusieurs assemblées.

B - LE CONTRÔLE DE CONSTITUTIONNALITÉ

Le contrôle de constitutionnalité est un ensemble de moyens juridiques ou politiques mis en place en vue d'assurer la régularité interne et externe des normes juridiques par rapport à la constitution.

1. L'objet du contrôle de constitutionnalité

Son objet est de vérifier la conformité des normes juridiques inférieures à la constitution.

2. Les grands types de contrôle de constitutionnalité

Il existe deux grands types de contrôle de constitutionnalité : un contrôle par voie d'action et un contrôle par voie d'exception.

2.1. Le contrôle par voie d'action

Cette forme de contrôle vise à obtenir l'annulation pure et simple de la loi devant une Cour constitutionnelle. Autrement dit, l'auteur du recours demande l'annulation de la loi, c'est-à-dire sa disparition de l'ordre juridique.

Il existe deux types de contrôle par voie d'action : le contrôle a priori et le contrôle a posteriori.

2.1.1. Le contrôle a priori

On parle de contrôle a priori lorsqu'il se situe entre le vote de la loi et sa promulgation.

L'organe chargé du contrôle peut détecter et censurer d'éventuelles inconstitutionnalités contenues dans la loi. La loi déclarée contraire à la constitution ne pouvant être promulguée, les dispositions en cause ne peuvent donc pas produire d'effets.

2.1.2. Le contrôle a posteriori

C'est un contrôle qui intervient après la promulgation de la loi, c'est-à-dire alors qu'elle est déjà en vigueur. Ce système est une source d'instabilité juridique. Il a l'avantage de permettre de « censurer des inconstitutionnalités qui, au moment d'édicter l'acte litigieux, ne l'avaient pas été, soit parce qu'il n'existait pas à l'époque de mécanismes de contrôle de la constitutionnalité, soit parce que, bien qu'existants, ils n'avaient pas été utilisés (il n'est pas rare en effet que l'inconstitutionnalité d'une loi n'apparaisse clairement que lorsqu'on commence à l'appliquer). »[36]

2.2. Le contrôle par voie d'exception

Une partie à un procès en cours d'instance devant un tribunal ordinaire invoque l'inconstitutionnalité d'une loi dont le juge prétend faire application à son encontre. Si cette inconstitutionnalité est alors avérée, le juge n'annule pas la loi, mais écarte son application dans l'affaire en cours. Cependant, sa décision fait jurisprudence et la loi

36. DUHAMEL (Olivier) et MENY (Yves), *Dictionnaire constitutionnel*, op. cit., p. 225.

devient généralement inapplicable.[37] Elle reste malgré tout dans l'ordre juridique. Le contrôle par voie d'exception peut être organisé de deux manières : le contrôle diffus (modèle américain) et le contrôle concentré (modèle européen).

2.2.1. Le contrôle diffus : le modèle américain

Le contrôle de constitutionnalité des lois est dit « diffus » lorsqu'il peut être exercé par tout juge.

Le fait que, dans ces pays, tout juge puisse contrôler la constitutionnalité des lois n'exclut pas que ce contrôle s'exerce sous l'autorité de Cours suprêmes qui sont l'instance finale pour établir une opposition radicale entre une loi et la constitution.

2.2.2. Le contrôle concentré : le modèle européen

Le contrôle de constitutionnalité des lois est un contrôle concentré lorsqu'une institution a le modèle d'un tel contrôle. La plupart des États européens préfèrent confier le contrôle de constitutionnalité des lois à une Cour constitutionnelle, c'est-à-dire à une institution spécialement créée à cet effet. L'arrêt rendu par Cour constitutionnelle a en principe une autorité de chose jugée absolue.

3. L'organe de contrôle de constitutionnalité

Il existe deux organes aptes à contrôler la constitutionnalité des lois :

---

37. KADA (Nicolas), *Lexique de droit constitutionnel*, op. cit., p. 26-27.

3.1. L'organe politique : les membres sont aux ordres du pouvoir exécutif ou législatif.

3.2. L'organe juridictionnel : le pouvoir est confié aux juges ordinaires ou à une juridiction spécialisée.

CHAPITRE III : LE POUVOIR POLITIQUE

Dans ce chapitre, il est question d'examiner le fondement juridique du pouvoir, le choix des gouvernants par les citoyens, la séparation des pouvoirs et la confusion des pouvoirs et les fonctions de l'État.

SECTION I : LE FONDEMENT JURIDIQUE DU POUVOIR

Le fondement juridique du pouvoir, c'est la souveraineté. La souveraineté a été définie par Jean Bodin (1530-1596) dans son traité, *Six livres de la République*, comme un attribut essentiel de l'État. La souveraineté est la puissance absolue et perpétuelle d'une République ; aucun pouvoir n'est supérieur à la puissance souveraine qui ne peut être anéantie, mais qui n'est pas sans limites (s'exerce sur le domaine public et non privé). Il s'agit d'un pouvoir suprême, au-dessus de tout, donc inaliénable, consistant essentiellement dans l'exercice de la production des normes applicables à l'ensemble de la société. Dans cette section, on étudiera le titulaire et l'exercice de la souveraineté selon les régimes.

A - QUI EST LE TITULAIRE DE LA SOUVERAINETÉ ?

1. La conception théocratique

Selon la conception théocratique, le pouvoir est d'origine divine et son titulaire n'est rien d'autre que le divin. À titre d'exemple, on peut citer Pharaon. Il était considéré comme un dieu vivant et puissant par les Égyptiens. Dans cette conception, le pouvoir est absolu.

2. La représentation divine

Dans la représentation divine, le pouvoir est d'origine divine. Celui qui le représente n'est plus Dieu lui-même. Le pouvoir du roi émane de Dieu qu'il représente.

3. La souveraineté nationale

Cette notion apparaît aux XVIIe et XVIIIe siècles avec John Locke (1632-1704) et Montesquieu (1689-1755) qui énoncent le principe de séparation des pouvoirs, fondement des systèmes de représentation.

La conception découlant de l'article 3 de la Déclaration des droits de l'homme et du citoyen de 1789 déclare que « le principe de toute souveraineté réside essentiellement dans la nation. Nul corps, nul individu ne peut exercer d'autorité qui n'en émane expressément », ce qui signifie que la souveraineté est une et indivisible et inaliénable dans la nation tout entière qui l'exerce par le canal de ses représentants.

4. La souveraineté populaire

La souveraineté populaire est un concept politique qui trouve son origine dans l'ouvrage de Jean-Jacques Rousseau, écrit 1672, *Du contrat social.*

D'après son idée, la souveraineté appartient au peuple, mais est divisible en autant de parcelles de souveraineté qu'il y a de citoyens ; chaque citoyen est titulaire d'une partie de la souveraineté. Elle est inaliénable, car chaque citoyen doit en principe être consulté pour toute décision politique. Les citoyens élisent de simples mandataires qui sont révocables par leurs électeurs s'ils ne suivent pas les instructions de ces derniers. Leur mandat est impératif, car l'élu n'est pas libre, il exécute les instructions en provenance du peuple. L'élu est subordonné au peuple. Il est privé de toute initiative autonome. Son mandat est de courte durée, lui permettant d'éviter les abus de pouvoir, les fossés entre les représentants et les représentés. L'avantage de ce mandat court est d'être facilement contrôlé par le peuple. L'analyse du titulaire de la souveraineté renvoie à l'étude de l'exercice de la souveraineté selon les régimes.

La souveraineté populaire s'oppose conceptuellement à la souveraineté nationale, détenue par la nation à travers ses représentants dont le mandat n'est pas impératif mais représentatif.

B - L'EXERCICE DE LA SOUVERAINETÉ SELON LES RÉGIMES

Dans ce paragraphe, il est question de passer en revue trois sortes : la démocratie directe, la démocratie représentative et la démocratie semi-directe.

La démocratie est née en Grèce, à Athènes. Elle est traditionnellement associée au « régime politique qui dépose le pouvoir dans les mains du peuple. La démocratie serait alors, conformément à son étymologie, le gouvernement du peuple (démos, en grec), par le peuple et pour le peuple : si le souverain commet le dépôt du gouvernement à tout le peuple ou à la plus grande partie (…) on donne à cette forme de gouvernement le nom de démocratie. »[39]

La démocratie s'oppose aux autres régimes politiques que sont :

- la monarchie absolue (pouvoir aux mains d'un seul homme) ;
- l'aristocratie (pouvoir aux mains des meilleurs) ;
- l'oligarchie (pouvoir aux mains d'un petit nombre de personnes ou de familles) ;
- la théocratie (pouvoir aux mains d'une caste sacerdotale) ;
- l'empire, la dictature et autres régimes autoritaires.

La démocratie peut revêtir diverses formes :

1. La démocratie directe

D'après Jean-Jacques Rousseau, la démocratie directe est fondée sur l'idée de la souveraineté populaire ; elle est le régime le plus idéalement démocratique, car le peuple exerce directement le pouvoir, sans représentants, chaque citoyen participe activement à la prise des décisions politiques par un vote collectif à l'image de la démocratie athénienne antique. La présentification est que ce système est irréalisable en raison de l'impossibilité de rassembler

39. ROUSSEAU (Jean-Jacques), *Du contrat social*, III, 3, GF, 1966 (1762), p. 105.

tous les gouvernés. Non seulement elle est irréalisable, mais les lois sont trop complexes pour la plupart.

2. La démocratie représentative

La démocratie représentative, appelée aussi la « démocratie délégative », est l'une des formes de la démocratie, dans laquelle les citoyens expriment leur volonté par l'intermédiaire de représentants élus à qui ils délèguent leurs pouvoirs. Ces élus, qui représentent la volonté générale, votent la loi et contrôlent éventuellement le gouvernement.

Autrement dit, la démocratie représentative est fondée sur l'idée de la souveraineté nationale. Le peuple ne pouvant se gouverner lui-même, il désigne, à la majorité, ses représentants élus qui exerceront le pouvoir en son nom. Le représentant élu représente la nation tout entière et non sa circonscription. Il est libre de ses décisions et n'a pas de comptes à rendre aux électeurs.

La plupart des démocraties actuelles ont adopté le système de la représentation dès leur instauration.

Mais la démocratie représentative présente des limites[40] :

- L'insuffisance de la représentativité. La composition socioprofessionnelle des élus est souvent très éloignée de celle du corps électoral (revenus, instruction, classes sociales…) ;
- Les intérêts des élus ne coïncident pas nécessairement avec ceux des électeurs ;
- La concentration des pouvoirs favorise la corruption ;

40. *Toupictionnaire*, Dictionnaire politique de La Toupie.

- La quasi-impossibilité d'être élu si l'on n'est pas candidat au nom d'un parti. L'élu agit alors en conformité avec la ligne politique de son parti et non en fonction de ses convictions propres ;
- Le risque d'absentéisme ;
- La tendance à la concentration des forces politiques et souvent au bipartisme ;
- Les conflits d'intérêts. Par exemple, les députés déterminent eux-mêmes leurs propres salaires.

3. La démocratie semi-directe

On parle parfois de la démocratie semi-représentative. Elle est une forme démocratie qui combine la démocratie représentative et la démocratie directe : le pouvoir est normalement exercé par des représentants, mais les citoyens peuvent, dans certaines conditions, intervenir directement dans son exercice en évitant que ne se développe le sentiment d'une classe politique coupée des soucis des citoyens, puisque ceux-ci peuvent décider de la loi, directement, au moyen du référendum. C'est « un modèle qui anime, à des degrés divers, les démocraties occidentales telles que la France, l'Italie, la Suède ou la Grande-Bretagne (qui n'hésite plus à recourir au processus référendaire). »[41]

Dans ce système, il existe différentes techniques :
- le veto populaire ;
- l'initiative populaire ;
- le référendum.

41. KADA (Nicolas), *Lexique de droit constitutionnel*, op. cit., p. 34.

4. Autres formes de démocraties

4.1. La démocratie libérale
(cf. *Toupictionnaire*, dictionnaire politique de La Toupie)

L'expression « démocratie libérale » a été utilisée pendant la guerre froide par opposition à celle de démocratie populaire pour désigner le système politique des démocraties occidentales en associant les idées de démocratie et de libéralisme.

Le but était de mettre l'accent sur un système politique garant des libertés individuelles, pluraliste et basé sur le suffrage universel. Une démocratie libérale est caractérisée par une économie capitaliste régie par la loi du marché.

La légitimité de la démocratie libérale repose sur le peuple souverain, selon l'idéal démocratique, avec une séparation et une limitation des pouvoirs selon l'idéal libéral.

4.2. La démocratie chrétienne

La démocratie chrétienne est un courant politique qui trouve son inspiration dans la doctrine sociale de l'Église catholique et les écrits des penseurs chrétiens. Le plus célèbre est Frédéric Ozanam. Cette démocratie a été développée en Allemagne avec le Parti chrétien-démocrate allemand.

4.3. La démocratie d'opinion

L'expression « démocratie d'opinion » désigne un mode de fonctionnement du pouvoir politique dans lequel les décisions sont prises pour répondre aux désirs de l'opinion publique, censée correspondre à celle de la majorité des citoyens. C'est aussi la tendance à recourir aux enquêtes et aux sondages pour orienter les choix politiques avec une grande réactivité.

La démocratie d'opinion traduit souvent une dérive vers le populisme et la démagogie.

4.4. La démocratie participative

La démocratie participative désigne l'ensemble des dispositifs et des procédures qui permettent d'augmenter l'implication des citoyens dans la vie politique et d'accroître leur rôle dans les prises de décision.

SECTION II : LA DÉSIGNATION DES GOUVERNANTS PAR LES CITOYENS

La démocratie est un mot qui fait toujours rêver. Des hommes libres et égaux qui se répartissent équitablement le pouvoir, sans qu'il y ait de distinctions dues à la naissance, la richesse, la compétence... La voix de la femme valant celle de l'homme, de même pour le Noir, le Maghrébin et le Blanc, l'illettré et le lettré et, bien sûr, le pauvre et riche… Le système électoral, le scrutin majoritaire à deux tours et par circonscription, par opposition au système proportionnel, porte une grande part de responsabilité dans cette représentation inéquitable.

Le système « majoritaire » est certes efficace pour la stabilité du gouvernement, mais, en favorisant les grands partis politiques, il lamine la diversité de la société. La conséquence en est le désintérêt de la politique d'une grande partie des citoyens laissés ainsi de côté par cette forme de démocratie... avec toutes les conséquences que cela peut avoir en termes de repli communautaire et de rejet des valeurs républicaines.

Plusieurs modes de désignation des dirigeants politiques d'un pays donné ont été forgés à travers l'histoire.

Il y a eu d'abord les systèmes de cooptation, dans lesquels ce sont les membres d'une assemblée ou d'un corps constitué qui désignent les nouveaux membres qui se joindront à eux.

Il y a ensuite le système des caucus, connu surtout dans la pratique politique américaine. Il y a également la méthode des nominations, consistant en une véritable désignation des décideurs par une autorité supérieure.

Enfin, l'élection constitue le mode de désignation démocratique des gouvernants. L'existence d'élections disputées est en effet l'une des conditions de la démocratie pluraliste. Elle repose sur l'octroi de suffrages aux citoyens et le choix d'un système électoral.

Dans cette section, on s'interrogera sur le suffrage et les modes de scrutin utilisés pour faire le choix des gouvernants.

A - CLARIFICATION DES CONCEPTS DE BASE

1. Le suffrage

D'après Maurice Hauriou, le suffrage est une manifestation de volonté dans le cadre d'une élection ou une organisation politique de l'assentiment.

Deux points sont à distinguer : l'étendue du droit de suffrage et l'égalité du suffrage.

1.1. L'étendue du droit de suffrage

Il existe deux sortes de suffrage.

1.1.1. Le suffrage restreint

Le droit de vote est limité à certains selon divers critères : le suffrage censitaire et le suffrage capacitaire. Autrement dit, le suffrage restreint est celui qui n'est reconnu qu'à certains citoyens sélectionnés au moyen de divers critères.

- **Le suffrage censitaire** est un suffrage restreint limité à ceux qui paient des impôts ou qui justifient une certaine fortune. « Instauré en Grande-Bretagne dès le XVe siècle, très répandu en France à partir de 1791 et durant une large partie du XIXe siècle, le suffrage censitaire assoit ainsi un régime oligarchique, selon les revenus et les capacités. S'ajoute au cens économique (limitation aux propriétaires fonciers) un éventuel cens culturel, basé sur l'exigence de diplômes ou tout simplement sur la seule maîtrise de la lecture et de l'écriture (condition fortement discriminante à l'époque). »[42]

- **Le suffrage capacitaire** est un suffrage restreint qui subordonne « la qualité d'électeur aux capacités intellectuelles ou niveau d'instruction. »[43] En fait, il s'agit honnê-

42. KADA (Nicolas), *Lexique de droit constitutionnel*, Ellipses éditions marketing, Paris, 2004, p. 122.
43. AVRIL (Pierre) et GICQUEL (Jean), *Lexique de droit constitutionnel*, PUF, Paris, 2003, p. 115.

tement d'éliminer du droit de vote les analphabètes. Les majeurs en tutelle sont également écartés.

1.1.2. Le suffrage universel

Le suffrage universel est utilisé pour la première fois en France pour l'élection de la convention en 1792 et au Congo-Kinshasa en 1960. Le suffrage universel est celui qui est reconnu à tous les citoyens. De nos jours, l'universalité du suffrage demeure toujours limitée pour d'autres personnes n'ayant pas la majorité électorale de 18 ans, déchues du droit de vote ou radiées des listes électorales (majeurs en tutelle), etc.

1.2. L'égalité du suffrage

- Le suffrage est toujours **égal**. La démocratie s'oppose en effet à ce que certains citoyens disposent de plus de voix que d'autres ; elle s'oppose au suffrage multiple comme au suffrage plural.

- Le suffrage **multiple** permet à une seule personne de voter dans plusieurs circonscriptions (en vigueur en Grande-Bretagne en 1951).

- Le suffrage **plural** permet à une seule personne de déposer plusieurs bulletins dans l'urne de sa circonscription (diplômés, propriétaires, chefs de famille, etc.).

Quels sont les différents modes de scrutin utilisés pour le choix des gouvernants par les citoyens ?

B. LES DIFFÉRENTS MODES DE SCRUTIN

Un mode de scrutin n'est qu'une technique, un outil, permettant le passage du décompte des voix à la désignation des élus, c'est-à-dire qu'il vise à « faire correspondre un nombre précis de suffrages exprimés lors d'une élection et les sièges à pourvoir. »[44] Autrement dit, ce sont les règles techniques sous-jacentes aux opérations électorales de choix des élus parmi les différents candidats. Ces règles concernent les modalités de désignation desdits élus.

1. La distinction entre le scrutin direct et le scrutin indirect

- **Le scrutin direct :** « les électeurs désignent sans intermédiaire leurs élus : chaque électeur vote pour un candidat qui est directement susceptible de devenir député. Ce type de scrutin est utilisé pour les élections les plus importantes, notamment, presque toujours, pour l'élection de la première chambre. »[45]

- **Le scrutin est dit indirect :** ce système fait appel à une élection à double degré (et parfois à plusieurs degrés). Autrement dit, certains élus sont choisis par d'autres élus désignés par les électeurs. Par exemple, les sénateurs.

2. La distinction entre le scrutin uninominal et le scrutin de liste (plurinominal)

La distinction entre les deux modes de scrutin s'établit selon le nombre de noms qui figurent sur le bulletin de vote que l'électeur est invité à mettre dans l'urne. Le choix

44. KADA (Nicolas), *Lexique de droit constitutionnel*, op. cit., p. 72.
45. VIALLE (Pierre) avec la collaboration de LAJOIE (Jean-Louis) et TOMASI (Jean-Paul), *Droit constitutionnel et politique. Tome 1 : Théorie générale et régimes politiques étrangers*, op. cit., p. 120.

de l'un ou de l'autre de ces modes de scrutin varie selon la dimension de la circonscription et selon le nombre de sièges à pourvoir.

Le scrutin uninominal est celui dans lequel l'électeur est appelé à voter pour un seul candidat dans chaque circonscription. Il peut être de deux sortes : le scrutin uninominal à un tour et le scrutin uninominal à deux tours. On parle de **scrutin uninominal à un tour** lorsque celui qui obtient « le plus de voix emporte le siège. Cela a l'avantage de la simplicité. Au plan global, il résulte souvent pour le parti arrivé en deuxième position une sous-représentation par rapport à son total de voix. Quant aux autres partis, ils n'obtiennent presque aucun élu. Par ailleurs, la représentation géographique des partis influence beaucoup le résultat final dans la mesure où un petit parti très implanté peut être représenté, mais aussi où le parti ayant obtenu le plus de voix au plan national peut se voir privé de sa victoire, car ses suffrages sont trop dispersés »[46] ; en revanche, on parlera de **scrutin uninominal à deux tours (c'est le cas de la France)** lorsque la réussite au premier tour est conditionnée par l'obtention d'une majorité absolue des voix (avec parfois l'obligation de réunir un nombre minimal d'électeurs inscrits). Faute d'avoir atteint ce seuil, est organisé un deuxième tour.

D'une manière générale, le scrutin uninominal peut avoir deux listes : bloquée ou panachage. La liste est bloquée, lorsque les électeurs ne peuvent modifier les listes telles qu'elles sont présentées, et doivent voter en faveur d'une liste complète. La liste est panachage, lorsque les électeurs sont autorisés à composer eux-mêmes leur liste

46. http://w.w.w.vie-publique.fr/decouverte_instit (Documentation française).

en empruntant éventuellement des noms sur plusieurs listes.[47]

Le scrutin plurinominal ou de liste est celui dans lequel l'électeur est appelé à voter dans chaque circonscription pour plusieurs candidats. Ici, le vote peut être simple ou préférentiel. Le vote est **simple** lorsqu'il oblige l'électeur à respecter l'ordre de présentation des candidats sur la liste. Le vote est dit **préférentiel** lorsqu'il va permettre à l'électeur de changer cet ordre de présentation en inscrivant un numéro d'ordre en face du nom d'un, de plusieurs ou de tous les candidats. Si le panachage des listes est autorisé, sont élus ceux qui obtiennent le plus de voix.

3. Le scrutin majoritaire

Le scrutin majoritaire est un mode de scrutin privilégiant « la décision du pouvoir de suffrage en attribuant le (ou les) siège(s) à pourvoir dans la circonscription électorale au (ou aux) candidat(s) ayant recueilli la majorité des voix »[48].

Le scrutin majoritaire peut être scindé en trois : la majorité absolue, la majorité relative et la majorité qualifiée.

- **La majorité absolue :** est élu celui qui a obtenu plus de la moitié des votes (supérieur à 50 %).
- **La majorité relative :** est élu celui qui a obtenu le plus de voix (inférieur à 50 %).
- **La majorité qualifiée :** est élu celui qui a recueilli un certain pourcentage de votes. Par exemple, 32 % au moins.

---

47. OLIVA (Éric), *Droit constitutionnel*, op. cit., p. 73.
48. AVRIL (Pierre) et GICQUEL (Jean), *Lexique de droit constitutionnel*, op. cit., p. 108.

L'avantage du scrutin majoritaire, c'est qu'il permet la constitution de majorités parlementaires solides offrant une base stable au gouvernement, surtout quand le scrutin est à un tour (bipartisme). Ici, le candidat ou la liste arrivant en tête dans une circonscription remporte le siège si c'est un scrutin uninominal ou l'ensemble des sièges si c'est un scrutin plurinominal de la circonscription. À l'inverse, le scrutin majoritaire à deux tours, qui est actuellement pratiqué en France, produit des effets nuancés (multipartisme). Le désavantage de ce scrutin majoritaire à deux tours, c'est qu'il est inéquitable, car il ne permet pas la représentation des petits partis politiques, contrairement à la représentation proportionnelle.

4. La représentation proportionnelle et le scrutin proportionnel avec prime majoritaire

4.1. La représentation proportionnelle

Elle assure à chaque parti politique un nombre de sièges proportionnel au nombre de voix qu'il a obtenues pour chaque liste. Elle peut être intégrale ou approchée.

- **La représentation proportionnelle intégrale :** il existe une seule circonscription regroupant l'ensemble des sièges à pourvoir. Les listes présentent dès lors autant de « candidats que de sièges à pourvoir et la répartition se fait ensuite proportionnellement aux suffrages obtenus. Si ce système permet une représentation de toutes les sensibilités, il avalise néanmoins une suprématie totale des partis politiques qui élaborent les listes et garantit quasiment l'élection des premiers candidats de chaque liste »[49], contrairement aux candidats positionnés en fin de liste qui n'ont aucune chance d'être élus.

49. KADA (Nicolas), *Lexique de droit constitutionnel*, op. cit., p. 109.

- **La représentation proportionnelle approchée :** celle qui répartit les restes à l'intérieur des circonscriptions, ce qui entraîne, pour les listes, des voix non représentées dans les circonscriptions où elles ont été en compétition.

Il existe deux méthodes[50] :

- **La répartition aux plus forts restes :** on attribue les sièges restants aux listes présentant les restes de suffrages non comptabilisés les plus importants, ce qui favorise généralement la représentation du plus grand nombre de listes ;

- **La répartition à la plus forte moyenne :** on opère un calcul fictif qui consiste à diviser, pour chacune des listes, le nombre des suffrages obtenus par le nombre de sièges déjà attribués auquel on rajoute un. Ce qui permet de privilégier les listes arrivées en tête des suffrages.

4.2. Le scrutin proportionnel avec prime majoritaire

C'est le scrutin de liste selon un mode mixte combinant le scrutin majoritaire et le scrutin à représentation proportionnelle. Il prévoit deux tours de scrutin, mais un seul peut suffire si une liste obtient la majorité absolue au 1er tour. Deux questions sont à poser.

4.2.1. Que se passe-t-il si une liste obtient la majorité absolue au 1er tour ?

Pour répondre à cette question, on retient trois éléments :

50. KADA (Nicolas), *Lexique de droit constitutionnel*, op. cit., pp. 109-110.

- Une liste obtient au premier tour la majorité absolue, c'est-à-dire la moitié des suffrages plus une voix. Cette liste occupera la moitié des sièges à pourvoir (on arrondit, si nécessaire, au chiffre supérieur).
- Le reste des sièges est réparti entre toutes les listes qui ont obtenu au moins 5 % des suffrages exprimés, y compris celle qui arrive en tête. Cette répartition se fait à la représentation proportionnelle, selon la méthode de la plus forte moyenne.
- Il n'y a qu'un seul tour de scrutin, le second tour ne se justifie pas.

4.2.2. Que se passe-t-il si aucune liste n'obtient la majorité absolue au 1er tour ?

Deux éléments importants sont à prendre en compte :
- Si aucune liste n'obtient au premier tour la majorité absolue, c'est-à-dire la moitié des suffrages exprimés plus une voix, il y a un deuxième tour de scrutin.
- Au deuxième tour, la liste qui obtient la majorité relative, c'est-à-dire le plus grand nombre de voix, recueille la moitié des sièges et le reste des sièges est réparti à la proportionnelle entre toutes les listes.

5. L'incidence de ces modes de scrutin

Conséquence politique importante : Loi Duverger (3)

1re loi, la représentation proportionnelle : permet à tous les partis y compris les plus petits d'être représentés devant le Parlement. Ce système favorise le multipartisme (exemple : élections législatives).

2e loi, le scrutin majoritaire à 1 tour (anglais). Le petit parti n'a aucune chance. Ce système favorise le bipartisme.

3e loi, le scrutin majoritaire à deux tours : n'écrase pas les petits partis et essaie de faire des alliances. Ce système favorise les regroupements.

La représentation proportionnelle débouche sur une instabilité gouvernementale. Appliquée en Italie et sous les IIIe et IVe Républiques en France, elle a conduit à une instabilité gouvernementale.

Si la représentation proportionnelle est plus juste, elle a néanmoins l'inconvénient de ne pas permettre une majorité stable, la majorité va se négocier entre les dirigeants des partis en dehors des électeurs, l'instabilité gouvernementale s'ensuit.

Dans un régime parlementaire, le gouvernement est responsable devant le Parlement.

Dans le scrutin majoritaire à deux tours, cette majorité est née d'une alliance voulue par les citoyens, donc cette alliance est stable.

Représentation proportionnelle = plus juste mais entraîne l'instabilité.

Scrutin majoritaire à deux tours = injuste mais stabilité gouvernementale.

SECTION III : LA SÉPARATION DES POUVOIRS ET LA CLASSIFICATION DES RÉGIMES POLITIQUES

A - CONSIDÉRATIONS GÉNÉRALES SUR LA SÉPARATION DES POUVOIRS

Le principe de la séparation des pouvoirs a été initié notamment par le philosophe anglais John Locke (1632-1704 ; œuvres principales : *Essai sur l'entendement humain* et *Traité sur le gouvernement civil*).

Le premier grand chef-d'œuvre de la science politique française a été publié en 1748 par Charles Montesquieu : *De l'esprit des lois*. Pour lui, la liberté politique doit être garantie par la séparation des trois pouvoirs : pouvoir législatif, pouvoir exécutif et pouvoir judiciaire.

1. La fonction législative

Elle a pour mission l'édiction des règles générales ; le pouvoir législatif doit être exercé par des assemblées représentatives.

2. La fonction exécutive

La fonction exécutive a pour mission l'exécution, l'application de ces règles ; le pouvoir exécutif est exercé par le chef de l'État et par le gouvernement.

3. La fonction judiciaire

La fonction judiciaire a pour mission le règlement des litiges et la sanction de l'application des lois ; elle doit être exercée par des juridictions indépendantes.

Charles Montesquieu préconise l'équilibre des différents pouvoirs : « Pour qu'on ne puisse pas abuser du pouvoir, il faut que par la disposition des choses le pouvoir arrête le pouvoir. »

B - LES RÉGIMES POLITIQUES DE SÉPARATION DES POUVOIRS

1. Une séparation stricte ou rigide des pouvoirs

Le régime de séparation stricte ou rigide des pouvoirs implique le régime présidentiel.

Le régime de séparation stricte ou rigide des pouvoirs est un système dans lequel les pouvoirs exécutif et législatif collaborent et s'immiscent entre les pouvoirs. Le régime présidentiel est habituellement illustré par l'exemple américain.

1.1. Les critères d'un régime présidentiel

1.1.1. La spécialisation des pouvoirs

La spécialisation des pouvoirs suppose que le pouvoir législatif appartient au Parlement qui détient la fonction législative, contrairement à l'exécutif dont le pouvoir est détenu par le chef de l'État. Il convient de souligner l'inexistence d'un Premier ministre dans la séparation stricte des pouvoirs. Le chef de l'État est en même temps le chef de l'équipe gouvernementale (le cas des États-Unis).

1.1.2. L'indépendance des pouvoirs

L'indépendance des pouvoirs signifie que chacun des organes ne peut avoir d'influence sur la désignation ou sur l'existence de l'autre. L'exécutif et le législatif émanent du suffrage universel.

Les membres du gouvernement sont irresponsables devant le Parlement, mais les ministres sont responsables devant le chef de l'État. Le chef de l'État n'a aucun pouvoir de dissoudre le Parlement. L'exécutif et le législatif doivent donc cohabiter jusqu'au terme de leur mandat.

1.2. La pratique du régime présidentiel aux États-Unis

Né aux États-Unis, qui font une application stricte de la séparation des pouvoirs, « la rigidité de principe de ce régime a conduit dans d'autres pays soit au blocage des institutions, soit à la domination d'un pouvoir sur un autre. Le succès des États-Unis s'explique par l'existence de techniques relativisant la rigidité de pouvoir »[51] :

1.2.1. Le président a un droit de veto : il peut menacer d'en faire usage pour orienter le débat législatif. Dans les faits, il exerce un pouvoir d'initiation des lois en proposant des mesures au Congrès.

1.2.2. Le Congrès : en droit international, « le Congrès désignait l'assemblée de ministres plénipotentiaires pour régler des questions de droit.

Le terme Congrès est surtout utilisé par la Constitution américaine pour désigner l'ensemble des deux chambres, Sénat et Chambre des représentants. Il équivaut alors au

---

51. JURIFICHE, *Droit constitutionnel* (1), op. cit.

mot français Parlement. »[52] Le Congrès s'immisce dans la fonction législative en votant le budget, en ratifiant les traités (prérogative reconnue au Sénat) et en approuvant certaines nominations proposées par le président (juges de la Cour suprême).

1.2.3. La responsabilité pénale du président devant le Congrès

Le Congrès dispose d'un moyen de mettre en œuvre la responsabilité pénale du président par ce qu'on appelle l'*impeachment*. « Il est une procédure parlementaire de destitution du président, du vice-président et des fonctionnaires fédéraux qui existe aux États-Unis et que certains projets de révision constitutionnelle envisagent d'introduire en France, afin de pallier les carences et limites actuelles à la mise en jeu de la responsabilité personnelle du chef de l'État pendant l'exercice de son mandat, le cas de la Haute Cour de justice. »[53]

Aux États-Unis, le Congrès peut donc mettre en accusation l'exécutif et prononcer l'*impeachment* des plus hautes autorités de l'État pour « trahison, corruption, crime contre la chose publique ou délit grave » (art. II - sec. 4 de la Constitution fédérale américaine). C'est alors la Chambre des représentants qui décide de l'inculpation et le Sénat s'érige, quant à lui, en Haute Cour présidée par le *Chief justice* de la Cour suprême fédérale. Il peut alors prononcer la destitution du président, tout en laissant ouverte la possibilité de poursuites judiciaires.

C'est « une procédure audacieuse, caractéristique d'un déséquilibre réel des pouvoirs, mais finalement rarement

---

52. DUHAMEL (Olivier) et MENY (Yves), *Dictionnaire constitutionnel*, PUF, Paris, 1992, p. 195.
53. KADA (Nicolas), *Lexique de droit constitutionnel*, op. cit., p. 57.

utilisée : ainsi, le président Nixon a-t-il préféré démissionner, dans l'affaire du Watergate, plutôt que de risquer une procédure d'*impeachment.* »[54] Le procès intenté à Bill Clinton, à raison de comportements privés, a abouti à son acquittement, en février 1999. Ce qu'il faut retenir de ces deux procédures est qu'elles conservent un caractère politico-judiciaire ambigu.

1.2.4. Le « parlementarisme de couloir » permet des échanges entre les parlementaires et le président pour fédérer des majorités de circonstances qui acceptent de voter les propositions du président. »[55]

2. La séparation souple des pouvoirs

2.1. Considérations générales

La séparation souple des pouvoirs implique le régime parlementaire.

Le régime parlementaire est né en Grande-Bretagne au XVIIIe siècle, puis il s'est exporté.

La séparation souple des pouvoirs désigne l'organisation d'un État dans lequel les différents pouvoirs, législatif, exécutif et judiciaire, collaborent et dialoguent afin de garantir un fonctionnement régulier des pouvoirs publics. Ainsi, le pouvoir exécutif peut intervenir dans l'élaboration des lois et le pouvoir législatif peut intervenir dans des fonctions relevant du gouvernement.[56]

---

54. KADA (Nicolas), *Lexique de droit constitutionnel*, op. cit., p. 57.
55.JURIFICHE, *Droit constitutionnel* (1), op. cit.
56. *Toupictionnaire*, dictionnaire politique de La Toupie

Il existe quelques actions réciproques :

- dissolution de l'Assemblée législative par le chef de l'État ;
- mise en jeu de la responsabilité du gouvernement ou motion de censure par le pouvoir législatif ;
- magistrats du parquet soumis à l'autorité hiérarchique du gouvernement.

Il convient de souligner que la Troisième République congolaise fonctionne sur un mode de séparation souple des pouvoirs.

2.2. La classification des régimes parlementaires

Il existe deux régimes parlementaires : le régime parlementaire moniste et le régime parlementaire dualiste.

2.2.1. Le régime parlementaire moniste

Le régime parlementaire signifie que le chef du gouvernement assume la responsabilité de sa politique devant la seule chambre.

2.2.2. Le régime parlementaire dualiste

Le régime parlementaire dualiste est une variété de régime parlementaire dont le chef du gouvernement assume la responsabilité de sa politique devant le seul Parlement dont il est l'émanation. Il n'a aucune responsabilité devant le chef de l'État, qui préside ou règne, mais ne gouverne pas. C'est le cas en Grande-Bretagne, en Allemagne, en Italie, en Espagne… et ce fut le cas en pratique en France sous les IIIe et IVe Républiques. Autrement dit, le chef du gouvernement accapare généralement l'essentiel du pouvoir exécutif, le chef de l'État n'ayant qu'un rôle protocolaire.

Le gouvernement est responsable devant le Parlement et devant le chef de l'État : le premier peut le renverser, le second peut le démettre de ses fonctions ou lui demander de démissionner.

C - LES RÉGIMES POLITIQUES DE CONFUSION DES POUVOIRS

Les régimes de confusion des pouvoirs sont des régimes politiques dans lesquels un pouvoir domine l'autre. On distingue alors le régime de confusion des pouvoirs au profit de l'exécutif et le régime de confusion des pouvoirs au profit du législatif.

1. La confusion des pouvoirs au profit du Parlement

La confusion des pouvoirs au profit du parlement est ce régime communément appelé « régime d'assemblée » ou aussi « régime conventionnel », qui concentre les fonctions législative, exécutive et juridictionnelle. Le régime d'assemblée se caractérise par la subordination de l'exécutif à l'assemblée (au législatif). Dans le régime d'assemblée, le parlement est monocaméral, sauf dans le cadre du fédéralisme. Le parlement est maître sur toute la ligne. La démocratie et la République s'épanouissent et se résument dans le parlement. L'assemblée désigne l'exécutif, peut le révoquer, mais ne risque pas d'être dissoute par lui ; elle peut même annuler la décision prise par l'exécutif. Ce pouvoir appartient tant à la chambre des députés qu'au Sénat.

2. La confusion des pouvoirs au profit de l'exécutif

La confusion des pouvoirs au profit de l'exécutif est un régime où la prédominance de l'exécutif sur le législatif est omniprésente. On parle de césarisme, un régime politique ordonné autour d'une seule personne, qui s'abandonne à sa volonté. Le terme est synonyme de despotisme ou autocratie, de présidentialisme, de dictature, de régime autoritaire, etc. La confusion des pouvoirs au profit de l'exécutif peut s'identifier aux régimes dictatoriaux. Il existe une variété des régimes dictatoriaux qui sont nés de situations très différentes (monarchie, fascisme, parti unique, force armée, le sous-développement…). Souvent, ces régimes font basculer le pouvoir des autorités civiles aux autorités militaires en cas de crise grave.

CONCLUSION DE LA PREMIÈRE PARTIE

L'État est une autorité souveraine qui exerce son pouvoir sur une population habitant un territoire déterminé au moyen d'un gouvernement.

Toute société dans laquelle la garantie des droits n'est pas assurée, ni la séparation des pouvoirs déterminée, n'a point de constitution.

La constitution est le texte fondamental qui détermine la forme du gouvernement d'un pays.

La constitution est en effet ce qui institue, c'est-à-dire ce qui établit légalement un État.

Ainsi, la séparation des pouvoirs permet différentes répartitions des fonctions entre les organes de l'État. Selon que cette séparation est stricte ou souple, il est possible de distinguer deux régimes principaux : le régime présidentiel et le régime parlementaire.

DEUXIÈME PARTIE :
L'ORGANISATION ADMINISTRATIVE DE LA RÉPUBLIQUE DÉMOCRATIQUE DU CONGO

CHAPITRE IV : LES CONCEPTS DE BASE DE L'ADMINISTRATION

SECTION I : RAPPEL HISTORIQUE DES DIVISIONS ADMINISTRATIVES DE LA RÉPUBLIQUE DÉMOCRATIQUE DU CONGO

A - L'ÉTAT INDÉPENDANT DU CONGO (1885-1908)

En 1885, l'État indépendant du Congo comprenait plusieurs stations ou postes d'État, jusque-là créés et présidés par les résidents européens.

La première organisation proprement dite remonte au 1er avril 1888, par le décret royal qui divisa le pays en 11 districts, à savoir : Banana, Boma, Matadi, Cataractes, Stanley Pool (actuel Kinshasa), Stanleyfalls (actuel Kisangani), Kasaï, Oubangui, Uélé (actuel nord de la Province orientale), Lualaba (actuel Katanga) et Kwango.

Ces districts étaient divisés à leur tour en postes ou stations.

Le décret du 7 juillet 1895 apporte une modification en divisant l'État indépendant du Congo en 15 districts qu'on appelle « les districts de l'État indépendant du Congo », lesquels sont : Boma, Banana, Matadi, Cataractes, Stanley Pool, Kwango, Équateur, Lac Léopold II, Oubangui, Gangula, Uélé, Aruwimi, Stanleyfalls, Kasaï et Lualaba.
Certains districts furent subdivisés en zones et en secteurs.

B - LE CONGO BELGE (1908-1960)

Pendant cette période de la colonisation belge, le Congo a connu trois subdivisions territoriales majeures en 1914, 1924 et 1933.

1. La réforme de 1914

Lorsque l'État indépendant du Congo fut cédé à l'État belge, les nouveaux maîtres ne tardèrent pas à réaliser l'importance de retracer la carte administrative du Congo belge. C'est ainsi qu'une réforme fut initiée en juillet 1914 qui divisa le Congo belge en 22 districts dont le gouvernement siégeait à Boma et deux vice-gouvernements siégeaient à Stanleyville et à Élisabethville.

Ces districts furent : Aruwimi (chef-lieu : Basoko), Bangala (chef-lieu : Lisala), Bas-Congo (chef-lieu : Boma), Bas-Uélé (chef-lieu : Buta), Équateur (chef-lieu : Coquilhatville), Haut-Luapula (chef-lieu : Kambove), Haut-Uélé (chef-lieu : Bambili), Ituri (sans chef-lieu), Kasaï (chef-lieu : Luebo), Kivu (chef-lieu), Kwango (chef-lieu : Bandundu), Lac Léopold II (chef-lieu : Inongo), Lomami (chef-lieu : Kabinda), Lowa (sans chef-lieu), Lulonga (chef-lieu : Basankusu), Lulua (chef-lieu : Kafukumbu), Maniema (sans chef-lieu), Moyen-Congo (chef-lieu : Léopoldville), Sankuru (chef-lieu : Lusambo), Stanleyville (chef-lieu : Stanleyville), Tanganyika-Moero (chef-lieu : Kongolo) et Oubangui (chef-lieu : Libenge).

2. La réforme de 1924

La réforme administrative de 1924 regroupa les districts en quatre provinces : le Congo-Kasaï, l'Équateur, le Katanga et la Province orientale.

Les provinces étaient subdivisées en districts et les districts en territoires. Il y avait à la tête du Congo un gouverneur général, assisté d'un vice-gouverneur général au siège et quatre vice-gouverneurs généraux à la tête de chaque province.

3. La réforme de 1933

C'est la grande réforme sous le Congo belge.

Cette réforme créa six provinces au lieu de quatre et supprima le statut spécial du vice-gouvernement général du Katanga.

Les six provinces créées sont : l'Équateur, le Kasaï, le Katanga, le Kivu, Léopoldville et la Province orientale.

Les provinces étaient subdivisées en districts et les districts en territoires. La province était dirigée par un commissaire de province qui deviendra gouverneur de province en 1951.

Toutefois, il faudra signaler que pendant cette période, le Congo belge n'a pas connu que ces trois réformes administratives et territoriales. Il y en a eu d'autres qui ont précédé et suivi ces trois réformes majeures, à savoir celles de 1910, de 1957 et de 1959.

C - LE CONGO POSTCOLONIAL (DE 1960 À CE JOUR)

Tout au long de cette période, il sera question de passer en revue les différentes réformes administratives sous la Première République, la Deuxième République, la transition et enfin la Troisième République.

1. Sous la Première République (1960-1965)

La Première République qui a fonctionné sous le régime constitutionnel de la Loi fondamentale et celui de la Constitution de Luluabourg du 1er août 1964 a hérité les six provinces de la colonisation.

Connaissant une très large autonomie politique, les provinces furent pratiquement élevées au statut d'États fédérés.

En 1963, on passa de six à vingt-et-une provinces. Ces provinces et Léopoldville connaissaient chacune une évolution désordonnée, sans coordination d'ensemble au niveau national.

Ces provinces et leurs chefs-lieux étaient : Congo central (Matadi), Cuvette centrale (Coquilhatville, aujourd'hui Mbandaka), Haut-Congo (Stanleyville, aujourd'hui Kisangani), Katanga oriental (Élisabethville, aujourd'hui Lubumbashi), Kivu central (Bukavu), Kwango (Kenge), Kwilu (Kikwit), Léopoldville (Léopoldville ou Kinshasa), Lomami (Kabinda), Lualaba (Kolwezi), Kibali-Ituri (Bunia), Mai-Ndombe (Inongo), Maniema (Port Empain, aujourd'hui Kindu), Moyen-Congo (Lisala), Nord-Katanga (Albertville, aujourd'hui Kalemie), Nord-Kivu (Luofu), Sankuru (Lodja), Sud-Kasaï (Bakwanga), Oubangui (Gemena), Uélé (Paulis, aujourd'hui Isiro) et Unité-Kasaïenne (Tshikapa).

2. Sous la Deuxième République (1965-24 avril 1990)

Cette république a connu plusieurs réformes administratives et territoriales.

2.1. La réforme de 1966

Celle-ci ramena le nombre de provinces de vingt et une à huit, plus la ville de Kinshasa qui avait également le statut de province.

Ces provinces étaient : Bandundu, Congo central, Équateur, Kasaï occidental, Kasaï oriental, Kinshasa, Kivu, Katanga et Province orientale.

Plus tard en 1971, la province du Katanga devient le Shaba, celle du Congo central devient le Bas-Zaïre, la Province orientale devient le Haut-Zaïre.

Dans le souci d'uniformiser l'administration, la loi n° 015 du 5 janvier 1973 instaura une administration centralisée et hiérarchisée. Elle introduit une nouvelle nomenclature administrative : la province devient la région ; le district, la sous-région ; le territoire, la zone rurale ; la commune, la zone urbaine ; etc.

2.2. La réforme de 1988

Celle-ci, sur base de l'ordonnance-loi n° 031 du 20 juillet 1988, érigea les anciennes sous-régions du Kivu en trois nouvelles régions distinctes. Le nombre de provinces passa alors de 8 à 10, plus la ville de Kinshasa.

Les nouvelles provinces créées furent le Maniema, le Nord-Kivu et le Sud-Kivu.

3. Sous la période de transition (1990-2006)

Il faudra noter ici que la loi n° 006 du 25 février 1982 a continué à régir l'organisation administrative et territoriale jusqu'à la révolution de l'Alliance des forces démocratiques pour la libération du Congo (AFDL) le 17 mai 1997.

Il y a eu la réforme de juillet 1998 qui actualisa la dénomination de certaines entités territoriales. Ainsi, la région redevint la province ; la sous-région, le district ; la zone urbaine, la commune ; la zone rurale, le territoire ; etc.

4. Sous la Troisième République (2006 à ce jour)

Aux termes de l'article 2 de la Constitution du 18 février 2006, la RDC est composée de la ville de Kinshasa et de 25 provinces, toutes dotées de la personnalité juridique.

Ces provinces sont les suivantes : Bas-Uélé, Équateur, Haut-Lomami, Haut-Katanga, Haut-Uélé, Ituri, Kasaï, Kasaï central, Kasaï oriental, Kongo central, Kwango, Kwilu, Lomami, Lualaba, Maï-Ndombe, Maniema, Mongala, Nord-Kivu, Nord-Ubangui, Sankuru, Sud-Kivu, Sud-Ubangui, Tanganyika, Tshopo et Tshuapa et la ville de Kinshasa.

Il convient de noter que la disposition constitutionnelle a élevé au rang de provinces plusieurs districts.

SECTION II : QUELQUES DÉFINITIONS IMPORTANTES

A. COMMENT DÉFINIR L'ADMINISTRATION ?

L'administration peut être définie sous deux angles : du point de vue fonctionnel et du point de vue organique.

1. Du point de vue fonctionnel
(ce qui est en rapport avec l'administration)

L'administration est l'ensemble des activités dont le but est de répondre aux besoins d'intérêt général de la population (ordre public, bonne marche des services publics...), tels qu'ils sont définis à un moment donné par l'opinion publique et le pouvoir politique. Elle s'écrit alors avec un petit a.

2. Du point de vue organique
(ce qui est en rapport avec son organisation)

L'Administration est l'ensemble des personnes morales (État, collectivités territoriales, établissements publics...) et physiques (fonctionnaires, contractuels...) qui accomplissent ces activités. Le mot administration s'écrit alors avec un grand A.

L'Administration est soumise pour la plupart de ses activités à un droit spécial, le **droit administratif**.

B - LA DISTINCTION
ENTRE ADMINISTRATION ET FONCTION PUBLIQUE

L'**administration** a pour objectif essentiel de satisfaire l'intérêt général et la **fonction publique** est un des moyens dont elle dispose pour y parvenir.

L'**administration** assure des services considérés comme utiles à la société et non rentables.

La **fonction publique** est au service de l'administration. Elle comprend l'ensemble des fonctionnaires, c'est-à-dire l'ensemble des personnes nommées dans un emploi permanent et titularisées dans un grade de la hiérarchie des administrations de l'État, des collectivités territoriales ou des hôpitaux (cf. vie-publique.fr).

C - LE SERVICE PUBLIC

Le service public doit être considéré comme une fonction clé de l'Administration, c'est-à-dire de l'ensemble des structures publiques ou privées chargées d'accomplir des activités d'intérêt général.

Ainsi, selon la nature de l'activité et de la structure qui en est chargée, on peut distinguer plusieurs cas de figure (cf. vie-publique.fr) :

- les services publics administratifs : très divers, regroupant les services qui n'ont pas de but industriel ou commercial ;
- les services publics industriels et commerciaux peuvent être assurés par les organismes publics ou privés. Lorsqu'il s'agit des organismes privés, le droit privé s'y applique majoritairement, mais le droit administratif n'en est pas absent.

D - LES DIFFÉRENTES FONCTIONS DE L'ADMINISTRATION

L'administration exerce différentes fonctions dont les principales sont :

- **l'application de la loi** : c'est à la fois une obligation, puisqu'une administration ne respectant pas la loi se trouve dans une situation d'illégalité, et une nécessité, dans la mesure où la plupart des lois doivent voir leurs modalités de mise en œuvre précisées pour les rendre applicables sur le terrain ;

- **la police administrative** : il s'agit du maintien de l'ordre public, d'assurer la tranquillité, la sécurité et la salubrité des administrés ;
- **la gestion directe de services publics** : l'administration assure elle-même un certain nombre de services, tels que la police (administration de l'État), l'Éducation nationale (administration étatique)…

CHAPITRE V :
LES AUTORITÉS ADMINISTRATIVES CENTRALES

La notion d'autorité administrative implique la capacité à exercer le pouvoir décisionnel. Au plus haut niveau de l'État, deux catégories d'autorités administratives peuvent être distinguées : celles qui se placent au plus haut niveau (président de la République et Premier ministre) et celles de rang ministériel (en particulier les ministres et vice-ministres).

SECTION I : LES AUTORITÉS ADMINISTRATIVES CENTRALES AU PLUS HAUT NIVEAU DE L'ÉTAT

Sous la Troisième République, l'exécutif est bicéphale, c'est-à-dire qu'il existe deux têtes de l'exécutif.

Ces autorités centrales sont implantées au siège du pouvoir public qui est la capitale de la République démocratique du Congo.

A – LE PRÉSIDENT DE LA RÉPUBLIQUE, AUTORITÉ ADMINISTRATIVE

1. Les attributions du président de la République, autorité administrative

Le président de la République est une autorité à la fois administrative et politique.

En tant qu'autorité administrative du pouvoir central, son étude est envisageable, tant sur le plan du statut juridique et administratif que sur le plan du statut fonctionnel.

En sa qualité d'**autorité administrative**, le président de la République est soumis à l'ensemble des règles que postulent ses droits en matière d'attribution et d'exercice de compétence, et se trouve ainsi astreint au respect des principes de légalité, de responsabilité et de contrôle juridictionnel.

En rapport avec son **statut fonctionnel**, les attributions dont est investi le président de la République sont énumérées dans la Constitution du 18 février 2006, notamment en ses articles sur :

- la nomination du Premier ministre et des autres membres du gouvernement (art.78) ;
- la convocation et la présidence du Conseil des ministres ainsi que sur la promulgation des lois (art.79) ;
- l'investiture des gouverneurs et vice-gouverneurs (art.80) ;
- la nomination des autres hauts cadres de la République (art.81) ;
- la nomination, le relèvement et la révocation des magistrats (art.82) ;

- le commandement des forces armées et la présidence du Conseil supérieur de la défense (art.83) ;
- la décoration dans les ordres nationaux (art.84) ;
- la proclamation de l'État d'urgence ou de siège (art.85) ;
- la déclaration de la guerre (art.86) ;
- le droit de grâce (art.87) ;
- l'accréditation des ambassadeurs et envoyés extraordinaires (art.88) ;
- la dissolution de l'Assemblée nationale (art.148) ;
- la dissolution des cours et tribunaux civils au profit des juridictions militaires (art.156) ;
- la présidence de la conférence des gouverneurs (art.200) ;
- la négociation et la ratification des traités et accords internationaux (art.213) ainsi que d'autres textes en vigueur dans notre pays (les lois organiques et les lois ordinaires).

Dans l'accomplissement de ses fonctions, le président de la République signe certains actes administratifs, dont les ordonnances qui en forment l'essentiel.

Ces ordonnances, prises en Conseil de ministres, lui confèrent un important pouvoir.

2. Le service du président de la République

Aussi, pour mieux remplir ses fonctions, le président de la République dispose d'un service bien organisé.

2.1. Le cabinet du président de la République est chargé de l'organisation matérielle et financière de la présidence, il réunit les collaborateurs les plus proches qui sont investis de missions de confiance.

2.2. La maison militaire est composée de l'état-major particulier (missions militaires et commandement militaire assurant la sécurité du président de la République).

Il convient de souligner que l'état-major et les conseillers politiques sont choisis par lui.

Et la répartition des rôles au sein du cabinet se fait entre le directeur de cabinet et le directeur du cabinet adjoint.

B - LE PREMIER MINISTRE, AUTORITÉ ADMINISTRATIVE

La Constitution du 18 février 2006 offre au Premier ministre une diversité de rôles et de prérogatives. Ainsi, force est de constater que la fonction première du Premier ministre consiste à diriger l'action du gouvernement.

1. Les attributions du Premier ministre, autorité administrative

Cette responsabilité qui est affirmée dans l'article 90 alinéa 2 de la Constitution du 18 février 2006 consacre au chef du gouvernement une dimension politique très importante. Son intervention se situe d'ailleurs à tous les niveaux de l'action gouvernementale :

- proposition de nomination et de révocation des membres de l'équipe gouvernementale (art. 78 al.4) ;
- définition avec le chef de l'État de la politique du gouvernement, son impulsion, sa coordination, la prise de décisions, le suivi de l'exécution de la politique gouvernementale.

Donc **politiquement**, le Premier ministre incarne aux yeux de tous l'action collective du gouvernement.

La responsabilité politique qu'endosse le Premier ministre devant le Parlement apparaît alors comme le corollaire naturel de cette prééminence.

Ainsi, c'est bien le chef du gouvernement qu'est le Premier ministre que la Constitution charge, en son art. 91 al. 4, d'engager devant le Parlement (l'Assemblée nationale) la responsabilité du gouvernement, que ce soit sur la base du programme d'action qu'il détermine ou sur celle du discours de politique générale qu'il prononce devant l'Assemblée.

Le Premier ministre n'exerce pas de pouvoir hiérarchique au sens strict sur les ministres, les actes de ces derniers ne pouvant donner lieu à un recours hiérarchique devant lui.

Pour autant, sa primauté sur l'ensemble des membres du gouvernement reste incontestée. Chaque ministre dispose ainsi de son propre champ de compétence, que le Premier ministre délimite initialement par les décrets d'attribution à l'attention de chaque ministre.

Le Premier ministre coordonne également l'action des membres du gouvernement et, lorsque des divergences naissent entre eux, il intervient pour arbitrer entre leurs décisions. Son autorité s'exprime aussi par l'envoi de fréquentes instructions et circulaires aux membres du gouvernement, destinées à guider ou recadrer leur action.

Pour mener à bien la conduite de l'action gouvernementale, le Premier ministre s'appuie de plus en plus sur des services qui lui sont directement rattachés, comme le cabinet civil ainsi que tant d'autres services qui participent à la préparation du travail gouvernemental.

On peut citer en exemple le service des visas pour des missions à l'étranger, la direction générale de l'Administration et de la fonction publique, la direction des journaux officiels, le service d'information et de diffusion, la direction de la documentation congolaise, le service d'étude et de prévention des risques et des calamités naturelles majeurs, etc.

Le Premier ministre et l'ensemble du gouvernement bénéficient aussi des capacités d'expertise et de proposition mises à leur service par des organismes, tels la Cour des comptes, le conseil économique et social...

En sa qualité de chef de l'Administration, le Premier ministre est bien le détenteur normal et habituel du pouvoir réglementaire qui concerne l'ensemble des citoyens. Son autorité sur l'Administration se manifeste par son pouvoir direct de nomination à l'égard des fonctionnaires civils et militaires (art. 92 al. 3). Il nomme ainsi aux emplois non dévolus au président de la République ou sur délégation de compétence (rare) de ce dernier. Il est considéré comme « le chef de l'Administration ».

2. Les services du Premier ministre

2.1. Le cabinet du Premier ministre, comme tout cabinet d'une grande autorité administrative, est composé des proches conseillers du Premier ministre. Ils sont là pour conseiller et informer le Premier ministre sur l'opportunité politique de telle ou telle mesure. Le cabinet informe sur le suivi des réformes que le Premier ministre va engager. Il informe aussi sur le fonctionnement du gouvernement, et c'est par son cabinet que le Premier ministre exerce son autorité sur les membres du gouvernement.

Le Premier ministre choisit des collaborateurs très proches parmi les intellectuels du pays. Le plus important est le directeur de cabinet du Premier ministre qui est son plus fidèle collaborateur.

2.2. Le secrétariat général du gouvernement

Le secrétariat général du gouvernement est dirigé par le secrétaire général du gouvernement.

Il joue un rôle crucial, à la fois politique et administratif de coordination intergouvernementale. Rattaché au Premier ministre, il est en liaison constante avec le président de la République et les ministres.

Ses principales fonctions sont :
- assurer le secrétariat du Conseil des ministres ;
- coordonner l'activité législative et réglementaire ;
- assurer les relations gouvernement-Parlement ;
- veiller à la publication du Journal officiel ; etc.

SECTION II : LE MINISTRE, AUTORITÉ ADMINISTRATIVE

A - CONSIDÉRATIONS GÉNÉRALES

Avec le Premier ministre, les ministres forment le gouvernement. Le gouvernement est une instance politique, mais aussi administrative, dont le rôle est défini par la Constitution du 18 février 2006 :
- le gouvernement détermine et conduit la politique de la nation ;
- il dispose de l'administration et de la force armée ;
- il est responsable devant le Parlement.

La Constitution met l'administration à la disposition du gouvernement. Le Premier ministre dirige l'action du gouvernement. S'agissant de la structure du gouvernement, du nombre de ministres et de leurs attributions respectives, tout cela n'est pas fixé par la Constitution, ni même par la loi. Autrement dit, chaque gouvernement se structure à sa guise et c'est ce qui explique que, d'un gouvernement à un autre, le nombre de ministres varie.

S'il n'y a pas de hiérarchie juridique entre les membres du gouvernement, différents rangs protocolaires existent néanmoins :

- **les ministres d'État** : quoique ministres de droit commun, ils ont un titre leur donnant préséance sur leurs collègues pour souligner l'importance particulière de leurs missions ou répondre à la volonté d'honorer certaines personnalités ;
- **les ministres** : ministres de droit commun, ils dirigent un département ministériel ;
- **les ministres délégués** agissent par délégation d'un ministre qu'ils déchargent d'une partie de sa tâche. Ils ont autorité sur les services qui leur sont confiés, contresignent les décrets qui les concernent et assistent au Conseil des ministres ;
- **Les vice-ministres (secrétaires d'État)** reçoivent des instructions du ministre, mais n'ont pas autorité sur leurs services dont ils ont seulement la disposition. D'un rang inférieur aux ministres, ils ne participent au Conseil des ministres que pour ceux qui relèvent de leurs attributions.

Les attributions des ministres et leur titre varient aussi. Un même ministère dans un gouvernement peut être dissocié en plusieurs ministères et plusieurs ministères peuvent se regrouper en un seul dans un gouvernement suivant.

B - LES ATTRIBUTIONS DU MINISTRE

Il assure la direction du département ministériel dont il a la charge en qualité de chef de service. Il dispose :

- d'un pouvoir hiérarchique : il gère l'ensemble du personnel dont il a la charge (nomination, avancement, mutation…) ;
- d'un pouvoir réglementaire :
  ► il contresigne les ordonnances du président de la République et les décrets du Premier ministre pour tout ce qui concerne l'activité de son ministère ;
  ► il statue par arrêtés ministériels – individuels (lorsqu'ils s'adressent à une personne ou plusieurs personnes nommément désignées) ou réglementaires (quand la portée est générale et impersonnelle) – pour l'exécution des tâches que la loi ou les décrets lui attribuent, ou par arrêtés interministériels si la décision relève de plusieurs ministères ;
  ► il précise par circulaires ministérielles ou par des instructions de services comment ses services doivent interpréter un texte de loi ou décret ;
- d'un pouvoir financier : il gère les crédits budgétaires de son département ;
- d'un pouvoir de tutelle : il contrôle les établissements publics rattachés à son ministère.

Il est assisté d'un cabinet constitué de conseillers et de collaborateurs personnels. Ce cabinet a un rôle à la fois politique (relation avec la presse, le Parlement…) et administratif (étude de certains dossiers relevant du ministère). Le cabinet étudie et prépare toutes les décisions gouvernementales et administratives. Le cabinet disparaît avec le ministre.

CHAPITRE VI : LES ORGANES DE L'ADMINISTRATION DE L'ÉTAT AU NIVEAU PROVINCIAL

Par province, il faut entendre une composante politique et administrative du territoire de la République. Elle est dotée d'une personnalité juridique. La province comprend deux organes : l'organe délibérant et l'organe exécutif.

SECTION I : L'ORGANE DÉLIBÉRANT : L'ASSEMBLÉE PROVINCIALE

L'Assemblée provinciale est l'organe délibérant de la province. Elle délibère dans le domaine des compétences réservées à la province et contrôle le gouvernement provincial ainsi que les services publics provinciaux et locaux.

Ses membres sont appelés les députés provinciaux.

A - L'ÉLECTION DES DÉPUTÉS PROVINCIAUX

Ils sont élus au suffrage universel direct et secret ou cooptés pour un mandat de cinq ans renouvelable dans les conditions fixées par la loi électorale. Le nombre de députés provinciaux cooptés ne peut dépasser le dixième des membres qui composent l'Assemblée provinciale.

B - L'ORGANISATION DE L'ASSEMBLÉE PROVINCIALE

L'Assemblée provinciale est dirigée par un bureau composé d'un président, d'un vice-président, d'un rapporteur, d'un rapporteur adjoint et d'un questeur élus[57].

C - LE FONCTIONNEMENT DE L'ASSEMBLÉE PROVINCIALE

L'Assemblée provinciale tient deux sessions ordinaires par an :
- la première s'ouvre le 15 janvier et se clôture le 15 avril ;
- la deuxième s'ouvre le 15 juillet et se clôture le 15 octobre.

La session de juillet est consacrée à l'examen du budget.

D - LES POUVOIRS DE L'ASSEMBLÉE PROVINCIALE

L'Assemblée provinciale légifère dans les domaines relevant de la compétence exclusive de la province et contrôle le gouvernement provincial ainsi que les services publics provinciaux (article 197 de la Constitution).

Elle légifère par voie d'édits.

L'initiative des édits appartient concurremment au gouvernement provincial (projet) et à chaque député provincial (proposition).

Les projets d'édit adoptés par le gouvernement en Conseil des ministres sont déposés sur le bureau de l'Assemblée provinciale.

---

57. Article 18 de la loi n° 08/012 du 31 juillet 2008.

Les propositions d'édit sont, avant délibération et adoption, notifiées pour information au gouvernement qui adresse, dans les quinze jours de leur réception, ses observations au bureau de l'Assemblée provinciale. Passé ce délai, ces propositions d'édit sont mises à délibération.

Sur les 29 compétences exclusives des provinces, l'article 35 de la loi précitée cite 11 matières dont l'édit fixe les règles. Il s'agit notamment :

1. du plan d'aménagement de la province ;
2. de la coopération interprovinciale ;
3. de la fonction publique provinciale et locale ;
4. de l'application des normes régissant l'état civil ;
5. des finances publiques provinciales ;
6. de la dette publique provinciale ;
7. des emprunts intérieurs pour les besoins des provinces ;
8. de la délivrance et de la conservation des titres immobiliers dans le respect de la législation nationale ;
9. de l'organisation du petit commerce frontalier ;
10. de l'organisation et du fonctionnement des services publics, établissements et entreprises publics provinciaux dans le respect de la législation nationale ;
11. des travaux et marchés publics d'intérêt provincial et local.

E - LA DISSOLUTION DE L'ASSEMBLÉE PROVINCIALE

L'Assemblée provinciale est dissoute de plein droit en cas de crise institutionnelle persistante.

Il y a crise institutionnelle persistante lorsque :
- pendant six mois successifs, l'Assemblée provinciale n'arrive pas à dégager une majorité ;
- elle ne peut se réunir pendant une session faute de quorum ;
- au cours de deux sessions d'une même année, le gouvernement provincial est renversé à deux reprises.

Dans le cas prévu à l'article 19 de la loi n° 08/012 du 31 juillet 2008, le président de l'Assemblée nationale et le président du Sénat constatent la dissolution de plein droit et en font rapport au président de la République. Ce dernier en prend acte par ordonnance contresignée par le Premier ministre, et la Commission électorale nationale indépendante convoque, conformément à la loi électorale, de nouvelles élections.

SECTION II : LE GOUVERNEUR ET LE VICE-GOUVERNEUR, COMME ORGANE EXÉCUTIF

A - LES OBSERVATIONS PRÉLIMINAIRES

Le gouvernement provincial est composé d'un gouverneur de province, d'un vice-gouverneur et de ministres provinciaux. Le gouverneur de province est le chef du gouvernement provincial et représente la province en justice et auprès de tiers. Il nomme et relève de leurs fonctions, le cas échéant, les ministres provinciaux. Il préside le Conseil des ministres. Il est également le représentant du gouvernement central dans son ensemble et de chaque ministre du gouvernement central.

Il remplit le rôle de représentation active, tant du gouvernement de la République que de sa province. Il établit la liaison et la conciliation indispensables entre gouvernement national et provinces. Il doit à la fois préserver l'ordre légal, informer le pouvoir central et promouvoir le développement de la province.

Il fait exécuter les lois et les règlements nationaux. Il assure la sauvegarde de l'intérêt général dans sa province.

Quant au vice-gouverneur de province, il assiste le gouverneur de province dans l'exercice de ses fonctions. Il s'occupe des tâches spécifiques qui lui sont confiées par ce dernier. Il le remplace en cas d'absence ou d'empêchement.

B - L'ÉLECTION

Le gouverneur de province est élu, en même temps que le vice-gouverneur, par l'Assemblée provinciale, au sein ou en dehors de l'Assemblée provinciale, pour un mandat de 5 ans renouvelable une seule fois.

C – LES POUVOIRS SPÉCIFIQUES DU GOUVERNEUR DE PROVINCE

Il est chargé de la promulgation des édits provinciaux. Il élabore et présente le programme quinquennal de développement de la province à l'Assemblée provinciale. C'est par l'approbation de ce programme que l'Assemblée provinciale investit le gouvernement provincial nommé par le gouverneur de province.

Il dispose de l'administration publique en province. À ce titre, tous les services publics provinciaux et nationaux en province sont placés sous son autorité.

Il est le chef hiérarchique de tous les responsables des collèges exécutifs de toutes les entités territoriales décentralisées de sa province : de la ville, de la commune, du secteur et de la chefferie.

Il préside le conseil provincial de décentralisation.

Il exerce la tutelle sur les actes des entités territoriales décentralisées de sa province.

Il statue par arrêté provincial.

D - LA FIN DES FONCTIONS DU GOUVERNEUR

Les fonctions du gouverneur de province prennent fin en cas de décès, de démission volontaire ou de motion de défiance votée contre lui ou contre son gouvernement. Il relève en matière pénale de la Cour suprême de justice, qui fait office de Cour de cassation.[58]

E - LES INCOMPATIBILITÉS

Les fonctions du gouverneur de province sont incompatibles avec l'exercice d'autres fonctions rémunérées par le Trésor public, les organismes internationaux ou les États étrangers.

---

58. Article 68 de la loi n° 08/012 du 31 juillet 2008.

CHAPITRE VII : LES ORGANES DES ENTITÉS TERRITORIALES DÉCENTRALISÉES ET LES AUTORITÉS ADMINISTRATIVES AU NIVEAU DES ENTITÉS TERRITORIALES DÉCONCENTRÉES

Il est question d'examiner les autorités des entités territoriales décentralisées et déconcentrées.

SECTION I : LES ORGANES DES ENTITÉS TERRITORIALES DÉCENTRALISÉES

Avec les entités territoriales décentralisées, les autorités sont élues au suffrage universel.

A - LA VILLE

Par définition, la ville est tout chef-lieu de province ; toute agglomération d'au moins 100 000 habitants disposant d'équipements collectifs et d'infrastructures économiques et sociales à laquelle un décret du Premier ministre aura conféré le statut de ville.[59]

Les organes de la ville sont le conseil urbain et le collège exécutif urbain.

59. Article 6 de la loi organique n° 08/016 du 7 octobre 2008.

1. Le conseil urbain, organe délibérant

Le conseil urbain est l'organe délibérant de la ville. C'est une instance de décision de la ville.

Ses membres sont appelés conseillers urbains.

1.1. L'élection

Les membres du conseil urbain sont élus par les conseillers communaux. Chaque commune constitutive de la ville envoie 4 conseillers au conseil urbain pour un mandat de 5 ans renouvelable.

1.2. L'organisation du conseil urbain

Le conseil urbain est dirigé par un bureau composé d'un président, d'un vice-président, d'un rapporteur et d'un questeur.

1.3. Le fonctionnement du conseil urbain

Il se réunit en session ordinaire une fois par trimestre. Le conseil urbain est dissout lorsqu'il y a une crise institutionnelle persistante quand il n'arrive pas à dégager une majorité et quand il ne peut se réunir faute de quorum.

Dans ce cas, on le constate et on informe le ministre de l'Intérieur et la Commission électorale nationale indépendante (CENI) organise une nouvelle élection.

1.4. Les pouvoirs du conseil urbain

Le conseiller urbain délibère sur les matières d'intérêt urbain notamment :

- l'élaboration de son règlement intérieur ;
- la construction et l'aménagement de la voirie urbaine ;
- la construction et l'aménagement des collecteurs de drainage et d'égouts ;
- l'éclairage urbain, la délivrance d'autorisations d'exploitation d'un service d'autobus et de taxis, l'autorisation de stationnement sur la voie publique, la fixation et l'approbation des tarifs ainsi que la perception des redevances y relatives ;
- le plan d'aménagement de la ville, les actes de disposition d'un bien du domaine privé de la ville et les actes de désaffectation d'un bien du domaine public de la ville, l'aménagement, l'entretien et la gestion des marchés d'intérêt urbain ;
- la construction, l'aménagement, l'entretien et la gestion des parcs publics, des complexes sportifs et des aires de jeux ; la construction et l'entretien des bâtiments publics appartenant à la ville ; l'organisation des décharges publiques, du service de collecte des déchets et du traitement des ordures ménagères ;
- l'organisation et la gestion d'un service anti-incendie, des pompes funèbres et des cimetières, d'un service d'hygiène, la construction, l'entretien et la gestion des morgues, le programme d'assainissement, la promotion de la lutte contre le VIH/SIDA et les maladies endémiques, etc. ;
- élire le maire et le maire adjoint, approuver le programme élaboré par le collège exécutif urbain, adopter le budget de la ville.

1.5. Les incompatibilités du conseil urbain

Le mandat de conseiller urbain est incompatible avec les fonctions ou mandats suivants : membre du gouvernement central ou provincial ; membre du collège exécutif des entités territoriales décentralisées ; membre des forces armées, de la police nationale et des services de sécurité ; magistrat ; agent de carrière des services publics de l'État ou de la province ; cadre administratif de l'entité territoriale à l'exception des chefs de chefferie ou de groupement ; mandataire public actif ; membre des cabinets du président de la République, du Premier ministre, du président de l'Assemblée nationale, du gouverneur, du ministre, du maire, du bourgmestre, du chef de secteur et du chef de chefferie ; tout autre mandat électif.

1.6. Le statut juridictionnel du conseiller urbain

Le conseiller urbain ne peut, en cours de session, être poursuivi ou arrêté, sauf en cas de flagrant délit, qu'avec l'autorisation du conseil dont il relève.

2. Le maire

Le collège exécutif urbain est l'organe de gestion de la ville et d'exécution des décisions du conseil urbain.

Le collège exécutif est composé du maire, du maire adjoint et de trois échevins.

2.1. L'élection

Le maire et le maire adjoint sont élus au sein ou en dehors du conseil urbain dans les conditions fixées par la loi électorale pour un mandat de 5 ans renouvelable.

2.2. Les pouvoirs du maire

Le maire est l'autorité de la ville. Il est le chef du collège exécutif urbain. Il statue par voie d'arrêté urbain. À ce titre :

- il assure la responsabilité de la bonne marche de l'administration de sa juridiction ;
- il est le représentant de l'État dans la ville et représente la ville en justice et vis-à-vis des tiers ;
- il est officier de police judiciaire à compétence générale, officier de l'état civil et ordonnateur principal du budget de la ville ;
- il veille à faire exécuter les lois, les édits, les règlements nationaux et provinciaux ainsi que les décisions du conseil urbain ;
- il veille au maintien de l'ordre public dans la ville. À cette fin, il dispose des unités de la Police nationale y affectées ;
- il est le chef hiérarchique des fonctionnaires et agents de carrière des services publics de l'État et de la province mis à la disposition de la ville ;
- il assure l'accomplissement des tâches d'intérêt urbain ;
- en cas d'urgence, et lorsque le conseil urbain n'est pas en session, le maire peut prendre des règlements de police et les sanctionner de peines ne dépassant pas 7 jours de servitude pénale principale et 25 000 francs congolais d'amende ou d'une de ces peines seulement. Le maire communique immédiatement ces règlements au conseil urbain en motivant l'urgence. Ces règlements cessent d'avoir effet s'ils ne sont pas entérinés par le conseil urbain à sa plus prochaine session. Les règlements sont publiés au bulletin officiel de la province ;

- il informe le gouverneur de province de tout événement important survenu dans la ville et le prévient de tout différend de nature à troubler l'ordre public. Le ministre de la République ayant les affaires intérieures dans ses attributions en est informé ;
- il nomme et, le cas échéant, révoque les échevins.

2.3. La fin des fonctions du maire ou du maire adjoint

Les fonctions du maire ou du maire adjoint peuvent prendre fin par décès, démission, empêchement définitif ou incapacité permanente.

Une condamnation irrévocable à une peine de servitude pénale principale pour infraction intentionnelle entraîne la démission d'office.

Le conseil urbain peut également mettre fin au mandat du maire, par le vote d'une motion de méfiance ou de censure contre le maire ou contre le collège exécutif urbain.

2.4. Les incompatibilités du maire ou du maire adjoint

La fonction de maire est incompatible avec les fonctions ou mandats suivants :
- membre du gouvernement central ou provincial ;
- membre du collège exécutif d'une autre entité territoriale décentralisée ;
- membre des forces armées, de la Police nationale et des services de sécurité ;
- magistrat ;
- agent de carrière des services publics de l'État ou de la province ;

- cadre administratif de la territoriale à l'exception de chef de chefferie ou de groupement ;
- mandataire public actif ;
- membre des cabinets des responsables des institutions législatives et des exécutifs nationaux, provinciaux et locaux ;
- tout autre mandat électif.

2.5. Le statut juridictionnel du maire

Le maire, le maire adjoint et le président du conseil urbain sont, en matière pénale, justiciables de la Cour d'appel.

B - LA COMMUNE

La commune peut être définie comme tout chef-lieu de territoire ; toute subdivision de la ville ou encore toute agglomération ayant une population d'au moins 20 000 habitants à laquelle un décret du Premier ministre aura conféré le statut.[60]

C'est une entité territoriale qui est gérée par des représentants élus.

Les organes de la commune sont : le conseil communal et le collège exécutif communal.

1. Le conseil communal

Le conseil communal est l'organe délibérant de la commune.

---

60. Article 46 de la loi organique n° 08/016 du 7 octobre 2008.

Ses membres sont appelés des conseillers communaux.

1.1. L'élection des membres

Les conseillers communaux sont élus au suffrage universel direct pour un mandat de 5 ans renouvelable, le nombre des conseillers communaux varie de 9 à 18 en fonction du nombre d'électeurs.

1.2. L'organisation

Le conseil communal est dirigé par un bureau composé d'un président, d'un vice-président, d'un rapporteur et d'un questeur.

Les membres du bureau sont élus dans les conditions fixées par le règlement intérieur en tenant compte, le cas échéant, de la représentation de la femme.

1.3. Le fonctionnement du conseil communal

Le conseil communal fonctionne conformément à son règlement intérieur. Il se réunit en session ordinaire tous les trois mois. La durée d'une session ne peut dépasser 30 jours.

Le conseil communal se réunit en session extraordinaire à la demande de son bureau ou de la moitié de ses membres ou encore à la demande d'un collège exécutif communal. Cette session ne peut dépasser quinze jours.

Le conseil communal peut être dissout en cas de crise intentionnelle persistante, c'est-à-dire lorsque pendant six mois :

- il n'arrive pas à dégager une majorité ;

- il ne peut se réunir faute de quorum.

Dans ce cas, le président de l'Assemblée provinciale constate la dissolution de plein droit et en fait rapport au ministre de la République ayant les affaires intérieures dans ses attributions. Le gouverneur de province en est informé. Le ministre de l'Intérieur du gouvernement central en prend acte. La Commission électorale nationale indépendante (CENI) convoque conformément à la loi électorale de nouvelles élections[61].

1.4. Les pouvoirs du conseil communal

Le conseil communal approuve le programme de développement de la commune élaboré par le collège exécutif, adopte le projet de budget, donne, lorsqu'il en est requis, un avis sur toute matière intéressant sa juridiction. Il statue par voie de décision.

Le conseil communal élit le bourgmestre et le bourgmestre adjoint dans les conditions fixées par la loi électorale.

La loi n° 08/016 du 7 octobre 2008, en son article 50, attribue au conseil communal 23 matières d'intérêt communal, notamment :

- son règlement intérieur ;
- l'entretien des voiries, l'aménagement, l'organisation et la gestion des parkings ;
- l'entretien des collecteurs de drainage et d'égouts ;
- l'éclairage public communal ;
- les mesures de police relatives à la commodité de passage sur les voies communales et sur les routes d'intérêt général ;

61. Article 53 de la loi n° 08/016 du 7 octobre 2008.

- le plan d'aménagement de la commune ;
- les actes de disposition des biens du domaine privé de la commune ;
- l'aménagement, l'entretien et la gestion des marchés publics d'intérêt communal, etc.

1.5. Les incompatibilités

Le mandat de conseiller communal est incompatible avec toute autre fonction publique ou tout autre mandat électif.

1.6. Le statut juridictionnel

Aucun conseiller communal ne peut être poursuivi, recherché, arrêté, détenu ou jugé en raison des opinions ou votes émis par lui dans l'exercice de ses fonctions.

Il ne peut, en cours de session, être poursuivi ou arrêté, sauf en cas de flagrant délit, qu'avec l'autorisation du conseil dont il relève. En dehors d'une session, il ne peut être arrêté qu'avec l'autorisation du bureau du conseil, sauf en cas de flagrant délit, de poursuites autorisées ou de la condamnation définitive. Les conseillers communaux sont justiciables, en matière pénale, du tribunal de grande instance.

2. Le bourgmestre

Le collège exécutif communal est l'organe de gestion de la commune et d'exécution des décisions du conseil communal.

Le collège exécutif communal est composé du bourgmestre, du bourgmestre adjoint et de deux autres membres appelés échevins communaux.

2.1. L'élection

Le bourgmestre est élu, en même temps que le bourgmestre adjoint, par le conseil communal en son sein ou en dehors du conseil communal pour un mandat de cinq ans renouvelable.

Il n'entre cependant en fonction qu'après son investiture par arrêté du gouverneur de province.

2.2. Les pouvoirs du bourgmestre

Le bourgmestre est l'autorité de la commune. Il est le chef du collège exécutif communal. Il est chargé de l'exécution des lois et des règlements du pays, des édits et des règlements provinciaux ainsi que des décisions du conseil communal.

Il dirige l'administration communale comprenant les services propres de la commune et les services déconcentrés de l'administration centrale et de la province. Il est le chef hiérarchique de tout membre du personnel de cette administration.

Il est à la fois officier d'état civil et officier de police à compétence générale.

Il est l'ordonnateur principal du budget communal. Il assure le maintien de l'ordre public dans sa juridiction. À cette fin, il dispose des unités de la Police nationale y affectées.

En cas d'urgence et lorsque le conseil communal n'est pas en session, il peut prendre un règlement d'administration et de police et en sanctionner les violations par des peines ne dépassant pas sept jours de servitude pénale principale et 5 000 francs congolais d'amende ou une de ces peines seulement.

Il statue par voie d'arrêté communal après délibération du collège exécutif communal.

Il représente la commune, la province et l'État dans sa commune.

Chaque commune possède ses propres caractéristiques et chaque bourgmestre ses propres qualités. Le bourgmestre peut dynamiser la vie de la commune et entraîner la population, les mandataires et les fonctionnaires communaux à développer un projet global et intégré profitable à la commune et à ses citoyens.

Le bourgmestre doit également avoir le sens de l'écoute et du dialogue dans le respect mutuel, rechercher le consensus et, enfin, décider dans le sens de l'intérêt commun.

2.3. La fin des fonctions du bourgmestre

La fonction de bourgmestre prend fin en cas de décès, de démission volontaire ou à la suite d'une motion de défiance votée contre lui ou contre le collège exécutif communal par le conseil communal.

2.4. Le statut juridictionnel du bourgmestre

Le bourgmestre n'est justiciable en matière pénale que devant la Cour d'appel.

C - LE SECTEUR

Le secteur est un ensemble généralement hétérogène de communautés traditionnelles indépendantes, organisées sur base de la coutume. Il a à sa tête un chef élu et investi par les pouvoirs publics.

Le secteur, entité territoriale décentralisée, est dirigé par deux organes, à savoir :

- l'organe délibérant : le conseil de secteur ;
- l'organe exécutif : le collège exécutif de secteur.

1. Le conseil de secteur comme organe délibérant

1.1. L'élection

Ses membres sont appelés conseillers de secteur et sont élus au suffrage universel direct et secret.

1.2. L'organisation du conseil de secteur

Le conseil de secteur est dirigé par un bureau composé d'un président, d'un vice-président et d'un rapporteur.

Les membres du bureau sont élus dans les conditions fixées par le règlement intérieur du conseil de secteur en tenant compte, le cas échéant, de la représentation de la femme.

1.3. Le fonctionnement du conseil de secteur

Le conseil de secteur se réunit en session ordinaire une fois par trimestre.

La durée d'une session ordinaire ne peut dépasser trente jours.

Il se réunit en session extraordinaire à la demande de son bureau ou de la moitié de ses membres ou encore à la demande du collège exécutif de secteur. Cette session ne peut pas dépasser quinze jours.

1.4. Les pouvoirs généraux et spécifiques

1.4.1. Les pouvoirs généraux

Le conseil de secteur élit le chef de secteur et le chef de secteur adjoint dans les conditions fixées par la loi électorale Il approuve la désignation du collège exécutif de secteur, nommé par le chef de secteur.

Il approuve le programme de développement de secteur élaboré par le collège exécutif de secteur. Il adopte le projet du budget du secteur et donne, lorsqu'il est requis, avis sur toute matière intéressant le secteur.

Il statue par voie de décision.

1.4.2. Les pouvoirs spécifiques

Le Conseil de secteur délibère sur les matières d'intérêt local, notamment :

- son règlement intérieur ;
- la construction, l'aménagement et l'entretien des voiries d'intérêt local ; l'organisation des péages au profit de l'entité conformément à la législation nationale ; l'aménagement, l'organisation et la gestion des parkings de l'entité ; l'organisation du service de cantonnage ;

- l'organisation et la gestion du service d'hygiène de l'entité ;
- le programme d'assainissement ; la campagne de vaccination de la population et la promotion de la lutte contre le VIH/SIDA et les maladies endémiques ;
- la construction et l'exploitation des mini-centrales pour la distribution d'énergie électrique ; l'installation de panneaux solaires ; l'aménagement des sources et les forages de puits pour la distribution d'eau ;
- la création de crèches, d'écoles maternelles, primaires, secondaires, professionnelles et spéciales, conformément aux normes établies par le pouvoir central ;
- la construction, la réhabilitation des bâtiments de crèches et écoles maternelles, la mise en place des structures et l'exécution des programmes d'alphabétisation des adultes ;
- l'organisation des campagnes agricoles, la promotion de l'élevage et de la pêche, etc.

1.5. Les incompatibilités

Le mandat de conseiller de secteur est incompatible avec tout autre poste dans la fonction publique ou tout autre mandat électif.

1.6. La dissolution du conseil de secteur

Le Conseil peut être dissout en cas de crise institutionnelle persistante, c'est-à-dire lorsque pendant six mois :

- il n'arrive pas à dégager une majorité ;
- il ne peut se réunir faute de quorum.

2. Le chef de secteur

Le collège exécutif de secteur est composé du chef de secteur, du chef de secteur adjoint et de deux échevins.

2.1. L'élection du chef de secteur

Le chef de secteur et le chef de secteur adjoint sont élus au sein ou en dehors du conseil de secteur dans les conditions fixées par la loi électorale pour un mandat de 5 ans renouvelable.

Le gouverneur de province investit par arrêté le chef de secteur et son adjoint dans les quinze jours de leur élection.

Passé ce délai, l'investiture est de droit.

2.2. Les pouvoirs du chef de secteur

Le chef de secteur est le chef du collège exécutif de secteur.

À ce titre :

- Il assure la responsabilité de la bonne marche de l'administration de sa juridiction.
- Il est à la fois officier de police judiciaire à compétence générale et officier de l'état civil.
- Il est ordonnateur principal du budget du secteur.
- Il représente le secteur en justice et vis-à-vis des tiers.
- Il exécute les lois, les édits, les règlements nationaux et provinciaux, les décisions et les règlements du secteur.

- Il assure le maintien de l'ordre public dans sa juridiction. À cette fin, il dispose des unités de police nationale y affectées.

En sus des attributions ci-dessus et de celles qui peuvent être reconnues au c hef de secteur par des textes particuliers, ce dernier supervise la collecte de l'impôt personnel minimum et veille à la bonne tenue des registres de l'état civil.

En cas d'urgence, le chef de secteur peut, le collège exécutif de secteur entendu, prendre des règlements d'administration et de police et en sanctionner les violations par des peines ne dépassant pas sept jours de servitude pénale principale et 2 500 francs congolais d'amende ou par l'une de ces peines seulement.

Il les communique immédiatement en indiquant les raisons de l'urgence au conseil de secteur. Ces règlements cessent d'avoir effet s'ils ne sont pas entérinés par le conseil de secteur à sa prochaine session.

Le chef de secteur statue par voie d'arrêté de secteur après délibération du collège exécutif de secteur.

Les services publics locaux qui constituent l'administration du secteur ainsi que les services publics du pouvoir central et du pouvoir provincial affectés dans le secteur relèvent de l'autorité du chef de secteur.

Le chef de secteur adjoint assiste le chef de secteur dans l'exercice de ses fonctions et assume son intérim en cas d'absence ou d'empêchement. Il s'occupe, sous l'autorité du chef de secteur, des tâches spécifiques lui confiées par l'arrêté portant organisation et fonctionnement du collège exécutif de secteur.

2.3. La fin des fonctions du chef de secteur

Les fonctions du chef de secteur ou du chef de secteur adjoint prennent fin par décès, démission, empêchement définitif ou incapacité permanente.

Une condamnation irrévocable à une peine de servitude pénale principale pour infraction intentionnelle entraîne la démission d'office du chef de secteur.

2.4. Le statut juridictionnel du chef de secteur

Le chef de secteur est, en matière pénale, justiciable du tribunal de grande instance.

D - LA CHEFFERIE

La chefferie est définie comme un ensemble généralement homogène de communautés traditionnelles organisées sur base de la coutume et ayant à sa tête un chef désigné par la coutume, reconnu et investi par les pouvoirs publics.

Elle est administrée conformément aux dispositions de cette loi et à la coutume pour autant que celle-ci ne soit contraire ni aux lois, ni aux édits, ni à l'ordre public ou aux bonnes mœurs.

La chefferie est administrée par deux organes : le conseil de chefferie, organe délibérant, et le collège exécutif de chefferie, organe exécutif.

1. Le conseil de chefferie

1.1. L'élection

Ses membres sont appelés conseillers de chefferie et sont élus au suffrage universel direct et secret.

1.2. L'organisation du conseil de chefferie

Le conseil de chefferie est une assemblée comprenant des conseillers de chefferie. Il est dirigé par un bureau composé d'un président, d'un vice-président et d'un rapporteur.

Les membres du bureau sont élus dans les conditions fixées par le règlement intérieur du conseil de chefferie en tenant compte, le cas échéant, de la représentation de la femme.

1.3. Le fonctionnement du conseil de chefferie

La durée d'une session ordinaire ne peut dépasser trente jours.

Il se réunit en session extraordinaire à la demande de son bureau ou de la moitié de ses membres ou encore à la demande du collège exécutif de chefferie. Cette session ne peut pas dépasser quinze jours.

1.4. La dissolution du conseil de chefferie

Le conseil de chefferie peut être dissout en cas de crise institutionnelle persistante, c'est-à-dire lorsque pendant six mois :

- il n'arrive pas à dégager une majorité ;

- il ne peut se réunir faute de quorum.

2. Le chef de chefferie

Le collège exécutif de chefferie est composé du chef de chefferie désigné selon la coutume et de trois échevins désignés par le chef de chefferie.

Le chef de chefferie est l'autorité de la chefferie. Il exerce l'autorité coutumière, pour autant que celle-ci ne soit pas contraire à la constitution, à la loi, à l'ordre public et aux bonnes mœurs, et définit les orientations relatives à la bonne marche de sa juridiction.

Le chef de chefferie, qui est le premier responsable de sa juridiction, a la double casquette d'autorité locale et de représentant du gouvernement central et de l'autorité provinciale.

2.1. L'élection du chef de chefferie

Sa désignation s'effectue selon la coutume locale contrairement aux règles applicables en matière de désignation des responsables des organes exécutifs des autres entités territoriales décentralisées.

Une fois désigné par la coutume, le chef de chefferie est reconnu par arrêté du ministre du gouvernement central ayant les affaires intérieures dans ses attributions et investi par le gouverneur de province.

Ce mode de désignation du chef de chefferie réaffirme non seulement la reconnaissance constitutionnelle de l'autorité coutumière, mais également son mode de désignation qui se doit d'être conforme à la coutume locale, pour autant que celle-ci ne soit pas contraire à la constitution, à la loi, à l'ordre public et aux bonnes mœurs.

2.2. Les pouvoirs du chef de chefferie

Le chef de chefferie est le chef du collège exécutif de chefferie.

Celui-ci exerce les mêmes attributions que le chef de secteur élu.

Il représente la chefferie en justice et vis-à-vis des tiers.

Le premier échevin assure la responsabilité du bon fonctionnement de l'administration. Cette disposition introduit une nuance de taille en ce que le chef de chefferie partage la responsabilité de fonctionnement de l'administration locale avec le premier échevin.

Il est à la fois officier de police judiciaire à compétence générale et officier de l'état civil par délégation.

Il exécute les lois, les édits, les règlements nationaux et provinciaux, les décisions et les règlements de la chefferie.

Il assure le maintien de l'ordre public dans sa juridiction.

À cette fin, il dispose des unités de la Police nationale y affectées.

En cas d'urgence, le chef de chefferie peut, le collège exécutif de chefferie entendu, prendre des règlements d'administration et de police et en sanctionner les violations par des peines ne dépassant pas sept jours de servitude pénale principale et 2 500 francs congolais d'amende ou par l'une de ces peines seulement.

Le chef de chefferie statue par voie d'arrêté de chefferie après délibération du collège exécutif de chefferie.

Les services publics locaux qui constituent l'administration de la chefferie ainsi que les services publics du pouvoir central et du pouvoir provincial affectés dans la chefferie relèvent de l'autorité du chef de chefferie.

Le chef de chefferie ne répond pas de ses actes devant le conseil de chefferie. Aucun de ses actes ne peut produire d'effet s'il n'est contresigné par un échevin qui, par cet acte, s'en rend seul responsable devant le conseil de chefferie.

2.3. La fin des fonctions du chef de chefferie

Le mandat du chef de chefferie prend fin prématurément dans diverses hypothèses qui sont : le décès, la démission, l'empêchement définitif ou l'incapacité permanente, une condamnation irrévocable à une peine de servitude principale pour infraction intentionnelle qui entraîne la démission d'office du collège exécutif.

Dans ce cas, le collège exécutif de chefferie expédie les affaires courantes sous la conduite du premier échevin et, le cas échéant, sous celle de l'échevin qui a la préséance.

2.4. Le statut juridictionnel

Le chef de chefferie est, en matière pénale, justiciable du tribunal de grande instance.

SECTION II : LES AUTORITÉS ADMINISTRATIVES AU NIVEAU DES ENTITÉS TERRITORIALES DÉCONCENTRÉES

Le territoire, le quartier, le groupement et le village sont des entités territoriales déconcentrées dépourvues de la personnalité juridique.

A - LE TERRITOIRE

1. Les observations préliminaires

Le territoire est une circonscription administrative déconcentrée, subdivision de la province.

Il est un échelon d'impulsion, de coordination, d'appui et d'inspection de l'action de l'État et de la province. Il est dépourvu de la personnalité juridique. Le territoire est subdivisé en communes, secteurs et chefferies ; le secteur et la chefferie en groupements ; le groupement en villages.

2. Administrateur de territoire

Le territoire est dirigé par un administrateur de territoire. Il est assisté de deux administrateurs de territoire assistants.

2.1. La désignation de l'administrateur de territoire

L'administrateur de territoire est le chef hiérarchique du personnel des services déconcentrés affectés au territoire.

L'administrateur de territoire et les administrateurs de territoire assistants sont nommés et, le cas échéant, relevés de leurs fonctions par le président de la République sur proposition du ministre de l'Intérieur qui les affecte sur proposition du gouverneur de province.

2.2. Les pouvoirs de l'administrateur de territoire

Aux termes de l'article 10 de la loi organique n° 010/011 du 18 mai 2011, sans préjudice d'autres dispositions légales et règlementaires, l'administrateur de territoire exerce les pouvoirs suivants :

- veiller à l'exécution des lois et règlements de la République ainsi que des édits et des règlements provinciaux ;
- veiller au maintien de l'ordre public sur toute l'étendue de sa juridiction. À cette fin, il dispose des services de renseignements, de la Police nationale et peut, le cas échéant, requérir les forces armées après autorisation du gouverneur de province ;
- dresser un rapport sur le comportement des éléments des services spécialisés de renseignements, de la Police nationale et des forces armées cantonnées dans sa juridiction ;
- aviser le gouverneur de province de tout évènement important survenu dans le territoire et de tout différend de nature à troubler l'ordre public ;
- veiller à l'application de la législation et de la politique du gouvernement en matière de finances et de budget ainsi qu'en matière de planification et d'élaboration des projets, des soins de santé primaire, de l'éducation, de l'agriculture, de la promotion et de la protection de l'environnement,

du transport et communication ainsi que de l'administration de la population ;

- veiller à l'entretien des réseaux routiers d'intérêt national et local et à l'implantation des poteaux de signalisation des ponts et rivières ainsi que des agglomérations ;
- assurer la sauvegarde du patrimoine de l'État et spécialement la protection de la faune, de la flore, des ouvrages d'art, des sites classés, des cours d'eau et des rives. inspecter au moins deux fois l'an les services publics de l'État et de la province fonctionnant dans les communes, les secteurs et les chefferies qui composent sa juridiction et adresser un rapport au gouverneur de province ;
- veiller à l'exécution des programmes économiques et sociaux de l'État et de la province.

B - LE QUARTIER

1. Les observations préliminaires

Le quartier est une subdivision administrative de la commune. Il est considéré comme un échelon administratif de base de la commune. En tant qu'entité déconcentrée, c'est-à-dire une simple circonscription administrative, il est dépourvu de la personnalité juridique.

Les conditions de création d'un quartier sont déterminées par un décret du Premier ministre délibéré en Conseil des ministres.

Le quartier comprend des avenues et/ou des rues. Il est dirigé par un chef de quartier assisté d'un chef de quartier adjoint.

2. Le chef de quartier

2.1. La désignation du chef de quartier

Le chef de quartier et le chef de quartier adjoint sont nommés par arrêté du bourgmestre délibéré en collège exécutif communal parmi les agents de la fonction publique.

Il est rémunéré par la commune. La loi détermine les conditions à remplir pour être nommé chef de quartier ou chef de quartier adjoint.

Le chef de quartier et son adjoint sont tous les deux sous l'autorité hiérarchique du bourgmestre.

2.2. Les pouvoirs du chef de quartier

Les pouvoirs du chef de quartier sont les suivants :

- il est responsable de l'encadrement administratif de la population, de l'hygiène et de la salubrité publique dans le quartier ;
- il veille, conformément aux directives et ordres du bourgmestre, à la bonne marche du quartier ;
- il assure toute tâche administrative lui confiée par le bourgmestre ;
- il dresse chaque mois un rapport sur la situation générale de son quartier adressé au bourgmestre avec copie réservée au maire ou à l'administrateur de territoire ;

- il exécute par délégation les dépenses de fonctionnement du quartier ;
- il statue par voie de décision.

C - LE GROUPEMENT

1. Les observations préliminaires

Aux termes de l'article 25 de la loi n° 010/011, le groupement est toute communauté traditionnelle organisée sur base de la coutume et érigée en circonscription administrative sous l'autorité d'un chef désigné conformément à la coutume, reconnu par arrêté du ministre de la République ayant les affaires coutumières dans ses attributions et installé par l'administrateur de territoire ou le bourgmestre en présence du chef de secteur ou de chefferie.

Il est à noter qu'il existe deux sortes de groupements :
- le groupement incorporé est celui qui se trouve dans les limites d'une commune, il conserve son organisation coutumière et a statut de quartier ;
- le groupement ordinaire qui se trouve dans un secteur ou une chefferie.

Le groupement est dirigé par un chef de groupement placé sous l'autorité administrative du bourgmestre, du chef de secteur ou du chef de chefferie, selon les cas.

2. Les pouvoirs du chef de groupement

Le chef de groupement est responsable de l'encadrement administratif de la population, de l'hygiène et de la salubrité publique dans le groupement.

Il doit veiller, conformément aux directives et ordres du bourgmestre, du chef de secteur ou de chefferie, à la bonne marche du groupement.

Il assure le recensement administratif de la population et assume toute tâche administrative lui confiée par le bourgmestre, le chef de secteur, ou le chef de chefferie.

Le chef de groupement adresse chaque mois au chef de secteur, au chef de chefferie ou au bourgmestre un rapport complet sur la situation générale de son groupement.

Il exécute, par délégation, les dépenses de fonctionnement du groupement.

La rémunération du chef de groupement est prise en charge par la province.

D - LE VILLAGE

1. La définition du village

Le village peut être défini comme une subdivision du groupement. C'est une entité territoriale déconcentrée dépourvue de la personnalité juridique. Le village est dirigé par un chef de village.

2. Le chef de village

2.1. La désignation du chef de village

Le chef de village est une personnalité désignée, conformément à la coutume ou aux usages locaux, par la famille régnante pour diriger le village.

Il est reconnu par décision de l'administrateur de territoire et installé par le chef de groupement en présence du chef de secteur ou du chef de chefferie.

Dans le groupement incorporé, le chef de village est reconnu par le bourgmestre et installé par le chef de groupement.

2.2. Les pouvoirs du chef de village

Aux termes de l'article 32 de la loi n° 10/011, les attributions du chef de village sont :

- assurer le recensement administratif de la population ainsi que l'hygiène et la salubrité publique dans son village ;
- veiller aux déclarations de naissances et de décès ainsi qu'à l'enregistrement des mariages célébrés en famille ;
- statuer par voie de décision (article 34) ;
- faire rapport au chef de groupement.

Le chef de village est placé sous l'autorité administrative du chef de groupement.

Il est rémunéré par le secteur ou la chefferie selon le cas.

CHAPITRE VIII : L'ORGANISATION CENTRALE DE L'ADMINISTRATION DE CONSEIL ET DE CONTRÔLE

L'Organisation centrale de l'administration du conseil et de contrôle a trait au Conseil d'État, au Conseil économique et social et à la Cour des comptes.

SECTION I : LE CONSEIL D'ÉTAT ET LE CONSEIL ÉCONOMIQUE ET SOCIAL COMME ORGANES CENTRAUX DE CONSEIL

A - LE CONSEIL D'ÉTAT

Il existe dans la Constitution du 18 février 2006, mais aucune loi organique n'a été votée pour sa mise en marche.

Le Conseil d'État a un triple rôle juridictionnel :

- il juge en appel les jugements des tribunaux administratifs portant sur certaines matières ;
- il est la juridiction de cassation en matière administrative ;
- il juge directement certaines affaires importantes : ordonnances du président de la République, décrets du Premier ministre, actes réglementaires des ministres, litiges concernant les hauts fonctionnaires.

Le Conseil d'État a également des **attributions consultatives : avis au gouvernement sur les projets de loi, les ordonnances, certains décrets**...

B - LE CONSEIL ÉCONOMIQUE ET SOCIAL

Le Conseil économique et social a la compétence sur tous les aspects du développement économique, social et culturel. Il participe à toute commission d'intérêt national à caractère économique, social et culturel. Il collecte, rédige, avec la participation des différentes entités qui le composent, à l'attention du président de la République, du gouvernement, du Sénat et de l'Assemblée nationale, le recueil annuel des attentes, des besoins et des problèmes de la société civile avec des orientations et des propositions.

En termes clairs, le Conseil économique et social a pour mission de **donner des avis consultatifs sur les questions économiques et socioculturelles qui lui sont soumises par le président de la République, l'Assemblée nationale ou le Sénat et le gouvernement.**

Il peut, de sa propre initiative, appeler l'attention du gouvernement et des provinces sur les réformes qui lui paraissent de nature à favoriser le développement économique et social du pays.

SECTION II : LA COUR DES COMPTES COMME ORGANE DE CONTRÔLE

A- RAPPEL HISTORIQUE DE LA COUR DES COMPTES

L'existence de la Cour des comptes de la République démocratique du Congo remonte à la période coloniale. En effet, la charte coloniale du 18 octobre 1908 soumettait les finances publiques de la colonie du Congo belge à la vérification de la Cour des comptes de Belgique.

À l'ascension du pays à l'indépendance, la Loi fondamentale du 19 mai 1960 confirma la création de la Cour des comptes (article 243), mais en attendant son organisation, les finances de la jeune République resteront soumises à la vérification de la Cour des comptes de Belgique, du moins pour l'exercice budgétaire de 1960 (article 253).

Le 16 avril 1963, fut promulguée une loi portant organisation d'une Cour des comptes. Elle constitua la première expression nationale en la matière. Le 24 novembre 1965, la Cour des comptes fut dissoute pour être rétablie deux ans plus tard par la Constitution du 24 juin 1967 telle que modifiée (article 107). Mais il a fallu vingt ans, en 1987, pour qu'elle soit effectivement organisée. Il faut noter toutefois que, depuis janvier 1983, une commission parlementaire est instituée par la loi 0001 du 12 janvier 1983 devant faire office de Cour des comptes.

B - LE FONCTIONNEMENT DE LA COUR DES COMPTES

Les membres de la Cour des comptes sont nommés, relevés de leurs fonctions et, le cas échéant, révoqués par le président de la République, après avis de l'Assemblée nationale.

Ils doivent justifier d'une haute qualification en matière financière, juridique ou administrative et d'une expérience professionnelle d'au moins dix ans.

La Cour est dirigée par un président nommé par le président de la République et accompagné par les vice-présidents, les conseillers et les magistrats.

C - LA MISSION DE LA COUR DES COMPTES

La Cour des comptes de la République démocratique du Congo est l'Institution supérieure de contrôle des finances publiques de la République démocratique du Congo. Elle a pour mission d'effectuer, de manière indépendante, un contrôle externe a posteriori des finances de l'État et de ses démembrements, ainsi que des organismes, entreprises publiques et autres entités bénéficiant du concours financier de l'État. Elle porte un jugement sur la régularité des états financiers et des comptes des comptables publics selon une approche contradictoire et conformément à des normes généralement reconnues.

La Cour des comptes contribue par ses missions de vérification et de contrôle de conformité à l'amélioration de la gouvernance financière et au respect des principes de reddition des comptes. Elle soumet au président de la République, au Parlement et au gouvernement un rapport assorti de recommandations sur les résultats de ses travaux.

Elle entend servir la nation en veillant à une utilisation transparente et efficace des finances et des biens publics.

CONCLUSION DE LA DEUXIÈME PARTIE

Pierre Mauroya, Premier ministre français, disait « il faut enraciner l'unité de la République dans la diversité et l'autonomie de ses collectivités. » Cette citation illustre la volonté politique, née notamment sur les différentes lois, qu'elles concernent la province, l'entité territoriale décentralisée ou l'entité territoriale déconcentrée. Il s'agit de :

- la loi n° 08/012 du 31 juillet 2008 portant principes fondamentaux relatifs à la libre administration des provinces ;
- la loi organique n° 08/016 du 7 octobre 2008 portant composition, organisation et fonctionnement des entités décentralisées et leurs rapports avec l'État et les provinces ;
- la loi organique n° 10/011 du 18 mai 2010 portant fixation des subdivisions territoriales à l'intérieur des provinces.

Les entités territoriales décentralisées sont gérées librement par des représentants élus au suffrage universel dans le cadre déterminé par la loi. En revanche, les entités territoriales déconcentrées sont administrées par les autorités non élues, mais nommées.

Ces autorités déconcentrées agissent au nom de l'État, dans le cadre de directives qui leur sont données par leur supérieur hiérarchique.

TROISIÈME PARTIE : NOTIONS ET ESSENTIEL DES FINANCES PUBLIQUES DE LA RÉPUBLIQUE DÉMOCRATIQUE DU CONGO

CHAPITRE IX : LES FINANCES PUBLIQUES

Les finances publiques ont trait aux problèmes posés par la gestion des fonds publics et du budget de l'État. Gouverner, c'est prévoir, et dans les applications de ce principe, on dira : gouverner c'est dépenser. L'État intervient dans une kyrielle d'actions. Ces interventions occasionnent des dépenses publiques variant d'une époque à l'autre et suivant le nombre et l'importance des activités entreprises par le pouvoir public.

SECTION I : LES NOTIONS PRÉLIMINAIRES DES FINANCES PUBLIQUES

A - COMMENT DÉFINIR LES FINANCES PUBLIQUES ?

Les finances publiques sont couramment définies comme l'étude des ressources, des charges et des comptes des collectivités publiques, c'est-à-dire principalement de l'État, des organismes publics, de ceux dépendant étroitement de l'État et des collectivités territoriales (établissements publics). Hormis cette définition, il existe plusieurs façons de définir les finances publiques.

Selon que l'on se place sur le plan juridique ou économique, il peut s'agir de[62] :

---

62. http://w.w.w.vie-publique.fr/decouverte_instit (Documentation française).

- l'étude des finances des personnes morales du droit public (État, collectivités territoriales, établissements publics) ;
- l'étude des finances des administrations publiques, c'est-à-dire des organismes dont l'activité économique est principalement constituée des opérations de redistribution ou de production de services non marchands et dont les ressources sont en majorité des prélèvements obligatoires.

B - COMMENT DÉFINIR LE BUDGET DE L'ÉTAT ?

Le budget de l'État est l'acte par lequel sont prévues et autorisées les recettes et les dépenses de l'État pour une année civile. Il est constitué d'un ensemble de comptes qui décrivent toutes les ressources et toutes les charges de l'État et des ministères[63].

Autrement dit, le budget de l'État peut être défini comme l'ensemble des documents, votés par le Parlement, qui prévoient et autorisent les ressources et les charges de l'Etat pour chaque année.

C - COMMENT DÉFINIR LA LOI DE FINANCES ?

La loi de finances ou les lois de finances détermine(nt) pour un exercice (une année civile) la nature, le montant et l'affectation des ressources et des charges de l'État, ainsi que l'équilibre budgétaire et financier qui en résulte.

63. *Toupictionnaire*, dictionnaire politique de La Toupie.

Il existe plusieurs types de loi de finances, qui font tous l'objet d'un vote du Parlement en tant qu'autorité budgétaire[64] :

- la **loi de finances initiale** autorise notamment la perception des ressources de l'État et des impositions de toutes natures attribuées à des personnes morales autres que l'État ;
- les **lois de finances rectificative ou « collectifs budgétaires »** modifient en cours d'année les dispositions de la loi de finances initiale ;
- la **loi de règlement** arrête le montant définitif des recettes et des dépenses du budget, ainsi que le résultat budgétaire (déficit ou excédent) qui en découle.

D - QUELLES SONT LES DIFFÉRENCES ENTRE LE DÉFICIT BUDGÉTAIRE ET LA DETTE DE L'ÉTAT ?

Le déficit budgétaire est la situation dans laquelle les recettes du budget de l'État sont inférieures aux dépenses. Il s'agit donc d'un solde négatif.

Pour financer son déficit, l'État est obligé d'emprunter. **La dette de l'État** se définit comme l'ensemble des emprunts effectués par l'État, dont l'encours (montant total des emprunts) résulte de l'accumulation des déficits de l'État.

Cependant, la dette de l'État ne doit pas être confondue :

- avec la **dette extérieure** constituée de l'ensemble des engagements des agents économiques d'un

---

64. http://w.w.w.vie-publique.fr/decouverte_instit (Documentation française).

pays (particuliers, entreprises…), et non seulement de l'État, vis-à-vis des prêteurs étrangers ;
- avec la **dette publique** qui correspond à la dette de l'ensemble des administrations publiques, des collectivités territoriales et des organismes publics.

SECTION II : LE BUDGET DE LA RÉPUBLIQUE DÉMOCRATIQUE DU CONGO

En République démocratique du Congo, les provinces, les entités territoriales décentralisées que sont la ville, la commune, le secteur et la chefferie, sont dotées de la personnalité juridique et gérées par les organes locaux élus. Elles jouissent de la libre administration et de l'autonomie de gestion de leurs ressources économiques, humaines, financières et techniques (article 3 de la Constitution). Aux termes de la Constitution, les finances du pouvoir central et celles des provinces sont distinctes (article 71 de la Constitution).

La loi organique n° 08/016 du 7 octobre 2008, prise en application de l'article 3 de la Constitution, en son article 104, stipule également que les finances d'une entité territoriale décentralisée sont distinctes de celles de la province.

Aux termes la loi n° 11/011 du 13 juillet 2011 fixant les finances publiques en République démocratique du Congo, il existe différents types de budget : le budget de l'État, le budget de la province et le budget de l'entité territoriale décentralisée.

A - QUELLES SONT LES DIFFÉRENCES ENTRE LE BUDGET DE L'ÉTAT, LE BUDGET DE LA PROVINCE ET LE BUDGET DE L'ENTITÉ DÉCENTRALISÉE ?

1. Le budget de l'État

Aux termes la loi n° 11/011 du 13 juillet 2011 fixant les finances publiques en République démocratique du Congo, le **budget de l'État** est un document contenant les prévisions des recettes et des dépenses du pouvoir central, consolidées avec celles des provinces.

2. Le budget de la province

Le **budget de la province** est un document contenant les prévisions des recettes et des dépenses de la province.

3. Le budget provincial

Le **budget provincial** est un document contenant les prévisions des recettes et des dépenses des entités territoriales décentralisées intégrées dans celles de la province.

B - L'EXERCICE BUDGÉTAIRE

L'article 171 de la Constitution du 18 février 2006 déclare que l'exercice budgétaire commence le 1er janvier et se termine le 31 décembre.

C - L'ÉLABORATION DU BUDGET

D'une manière générale, c'est le **gouvernement central** qui prépare le budget et le propose ensuite au Parlement pour que celui-ci le vote (articles 126 et 173 de la Constitution du 18 février 2006).

Pour ce qui est de la **province**, c'est le gouvernement provincial qui prépare le budget et le soumet à l'assemblée provinciale pour que celle-ci l'accepte.

Quant à l'entité territoriale décentralisée, c'est le collège exécutif qui élabore le budget et le propose à l'organe délibérant de l'entité territoriale décentralisée pour que celui-ci l'adopte.

D - L'EXÉCUTION DU BUDGET

L'exécution du budget est assurée par les organes de l'exécution.

Le budget est exécuté par le gouvernement national au niveau du pouvoir central, par le gouvernement provincial pour les provinces et par les collèges exécutifs pour les entités territoriales décentralisées. C'est à travers leurs administrations respectives que ces organes exécutent leurs budgets. L'exécution du budget diffère selon qu'il s'agit de l'exécution de la recette ou de la dépense. Les administrations qui mobilisent les ressources ne sont pas celles qui effectuent les dépenses.

E - LES PHASES D'EXÉCUTION ET LE CONTRÔLE DE L'EXÉCUTION DU BUDGET

1. Les phases d'exécution

L'exécution de la recette et celle de la dépense s'opèrent en quatre phases. Chacune consacre respectivement la chaîne de la recette et de la dépense. Cette exigence repose sur le souci d'assurer la clarté, la traçabilité et la précision des recettes et dépenses à réaliser et de déterminer, le cas échéant, les responsabilités pour chacun des services.

Schématiquement, le budget comporte les quatre phases ci-après :

- pour les recettes : constatation – liquidation – ordonnancement – recouvrement ;
- pour les dépenses : engagement – liquidation – ordonnancement – paiement.

2. Le contrôle de l'exécution du budget

Plusieurs organes sont chargés du contrôle de l'exécution du budget.

Il existe trois sortes de contrôle selon l'organe qui l'exécute :

- l'administration ;
- la Cour des comptes ;
- le Parlement, les assemblées provinciales et les organes délibérants locaux :

► le contrôle administratif exercé au sein de chaque administration par l'utilisation du pouvoir disciplinaire hiérarchique : soit par le ministre du Budget au moyen d'un visa du contrôleur budgétaire, soit encore par l'inspection générale des finances ;

- ► le contrôle juridictionnel qui est effectué par la Cour des comptes ;
- ► le contrôle politique qui est exercé par le Parlement, l'assemblée provinciale et les organes délibérants locaux.

N.B. : Les finances du pouvoir central et celles des provinces doivent être séparées (article 171 de la Constitution du 18 février 2006). Le pouvoir central doit céder 40 % de ses recettes aux provinces (article 175 de la Constitution du 18 février 2006).

Les fonds publics doivent être gardés par la Banque centrale du Congo. Celle-ci doit faire son travail sans interférence et conseiller le gouvernement sur le plan économique (article 176 de la Constitution du 18 février 2006).

Pour clore, il convient de signaler que l'État doit créer un compte spécial (caisse nationale de péréquation). Dans ce compte, il est obligé de mettre 10 % de ses recettes chaque année. Cet argent servira à aider les provinces du pays qui auront de grandes difficultés pour trouver des recettes (article 181 de la Constitution du 18 février 2006) et faire face à leurs dépenses.

CHAPITRE X :
LA BANQUE CENTRALE DU CONGO COMME L'INSTITUTION BANCAIRE PRINCIPALE DE LA RÉPUBLIQUE DÉMOCRATIQUE DU CONGO

La Banque centrale du Congo (BCC), ci-après dénommée « la Banque », est une institution de droit public, dotée de la personnalité juridique. Elle est régie par la loi N°005/2002 du 7 mai 2002.

Le siège social de la Banque est établi à Kinshasa.

En cas d'urgence, et conformément à l'article 18 de la présente loi, la Banque peut transférer temporairement son siège en tout autre lieu. Elle peut établir et supprimer des sièges d'activités dans les localités du territoire national et, au besoin, à l'étranger.

SECTION I : LES NOTIONS PRÉLIMINAIRES SUR LA BANQUE

Une banque est une entreprise particulière qui s'occupe des dépôts d'argent et des moyens de paiement.

A - UNE BANQUE : UNE ENTREPRISE

Une banque est une entreprise. Au sens juridique, c'est une institution financière qui dépend du code monétaire et financier.

Une banque a pour fonction de proposer des services financiers[65] :

- recevoir des dépôts d'argent ;
- collecter l'épargne ;
- gérer les moyens de paiement ;
- accorder des prêts.

Une banque fonctionne généralement sous forme d'agences, constituant ainsi un réseau.

B - UNE BANQUE : PLUSIEURS MÉTIERS

En réalité, les banques se spécialisent en fonction de leur métier principal et de leur clientèle. On distingue[66] :

- les banques de détail ;
- les banques de dépôts ;
- les banques d'affaires ;
- les banques d'investissement ;
- les banques privées.

C - LA BANQUE : CRÉDITS ET MOYENS DE PAIEMENT

En contrepartie du dépôt d'argent, et relativement à l'ouverture d'un compte, la banque doit proposer à ses clients des moyens de paiement :

- un compte bancaire ;
- un chéquier ;
- une carte bancaire.

La banque a aussi pour rôle de prêter de l'argent à ces clients ; en revanche, la banque prélève une commission

---

65. Banque.comprendrechoisir.com.
66. Banque.comprendrechoisir.com.

ou un intérêt dont le taux est variable selon différents critères :

- pour les particuliers : crédit immobilier, crédit voiture… ;
- pour les entreprises : traites, crédit documentaire… ;
- pour l'État : financement des déficits publics.

D - LA BANQUE : DES SERVICES DIVERSIFIÉS

Les banques proposent aussi d'autres services contrairement à leur métier initial. Leurs services sont aussi variés que :

- l'assurance ;
- l'assistance ;
- le cautionnement ;
- la mutuelle.

SECTION II : L'OBJET SOCIAL ET LES FONCTIONS ESSENTIELLES DE LA BANQUE CENTRALE DU CONGO

A - L'OBJET SOCIAL DE LA BANQUE CENTRALE DU CONGO

La Banque centrale du Congo est chargée de définir et de mettre en œuvre la politique monétaire de la République démocratique du Congo dont l'objectif principal est d'assurer la stabilité du niveau général de prix. Elle est autonome dans la réalisation de cet objectif.

La Banque centrale du Congo soutient la politique générale du gouvernement.

B - LES FONCTIONS ESSENTIELLES DE LA BANQUE CENTRALE DU CONGO

Aux termes de la loi N° 005/002/ du 7 mai 2002 portant la constitution, organisation et fonctionnement de la Banque centrale du Congo, cette dernière accomplit notamment :

- **Institution d'émission** : la Banque centrale du Congo est seule habilitée, sur le territorial national, à émettre des billets et des pièces de monnaie ayant cours légal, libellés dans l'unité monétaire de la République démocratique du Congo, le franc congolais, ou dans ses sous-unités. Elle assure la stabilité interne et externe de la monnaie nationale.
- **Banque des banques** : la Banque centrale du Congo contrôle le système bancaire et la distribution du crédit par les institutions financières bancaires et non bancaires.
- **Caissier de l'État** : la Banque centrale du Congo accepte et effectue les paiements pour le compte de l'État. Elle peut, à cette fin, désigner les établissements de crédit habilités à agir en son nom et pour compte dans les localités où elle n'est pas représentée ; elle assure le service de la dette publique, administre tout compte spécial de l'État, en accord avec le ministère intéressé.
- **Conseiller d'État** : en sa qualité de conseiller de gouvernement en matière économique, monétaire et financière, la Banque centrale du Congo peut d'office ou à la demande du gouvernement émettre des avis ou des conseils sur toute politique ou mesure que le gouvernement envisage prendre.
- **Gestionnaire des réserves officielles en or et en devises de la République démocratique du Congo**.

SECTION III : LES ORGANES DE LA BANQUE CENTRALE DE LA RÉPUBLIQUE DÉMOCRATIQUE DU CONGO

Les organes de la banque centrale :
- le conseil de la banque ;
- le gouverneur ;
- le collège des commissaires aux comptes.

A - LE CONSEIL DE LA BANQUE CENTRALE DU CONGO

Le conseil de banque est l'organe suprême qui a les pouvoirs les plus étendus pour concevoir, orienter la politique de la banque, et contrôler la gestion.

1. La mission du conseil de la Banque centrale du Congo

Le conseil prend tout acte de la banque, notamment :
- la définition et la mise en œuvre de la politique monétaire ;
- la réglementation du crédit et du change ;
- le transfert éventuel du siège social de la banque en tout lieu ;
- l'établissement ou la suppression des directions provinciales et agences ;
- l'élaboration du budget et l'établissement des comptes annuels ;
- la définition du statut des agents, en particulier les conditions de travail et la durée de service de tous les membres du personnel.

2. La composition du conseil de la Banque centrale du Congo

Le conseil est composé de sept membres :

- le gouverneur ;
- le vice-gouverneur ;
- cinq experts appelés administrateurs.

3. Comment sont nommés les membres du conseil de la Banque centrale du Congo ?

Les membres du conseil doivent jouir d'une intégrité morale reconnue. Ils sont choisis en raison de leurs compétence, qualification et expérience professionnelle en matière économique, monétaire et financière.

Le **gouverneur** et le **vice-gouverneur** sont **nommés** par le **président de la République.**

Le **mandat** du **gouverneur** est de **cinq ans** renouvelable une seule fois, celui du **vice-gouverneur** est de **quatre ans** renouvelable une seule fois.

Quant aux **cinq experts**, ils sont **nommés** par le **président de la République** pour un mandat de **trois ans** renouvelable dont le **directeur du trésor**, les **quatre experts**, sur proposition de listes présentées respectivement par le gouverneur, le Parlement, le monde universitaire et le patronat.

4. Le fonctionnement du conseil

Le conseil est présidé par le gouverneur ou, en cas d'absence ou d'empêchement de ce dernier, par le vice-gouverneur.

Le gouverneur réunit le conseil au moins une fois par trimestre.

À la demande motivée de deux membres du conseil, le gouverneur est tenu de le convoquer dans un délai de cinq jours.

Cinq membres du conseil constituent le quorum. Cependant, aucune séance ne peut être valablement tenue sans la présence du gouverneur ou, en cas d'absence ou d'empêchement de celui-ci, du vice-gouverneur.

Les décisions du conseil sont prises à la majorité absolue des membres présents. En cas d'égalité des voix, celle du président de séance est prépondérante.

5. La fin des fonctions des membres du conseil

Le **gouverneur** et le **vice-gouverneur** sont relevés de leurs fonctions par le président de la République s'ils ne remplissent plus les conditions nécessaires à l'exercice de leurs fonctions ou s'ils ont gravement manqué aux obligations de leurs charges.

Quant aux **experts**, ils sont relevés de leurs fonctions par le président de la République, sur proposition du gouvernement, s'ils ne remplissent plus les conditions nécessaires à l'exercice de leurs fonctions ou s'ils ont commis une faute grave.

6. Le statut judiciaire des membres du conseil

La Cour suprême de justice connaît seule des infractions commises par les membres du conseil dans l'exercice de leurs fonctions. Ils sont mis en accusation par le président de la République dans les conditions et suivant les modalités prévues pour les membres du gouvernement.

B - LE GOUVERNEUR DE LA BANQUE CENTRALE DU CONGO

1. Les pouvoirs du gouverneur de la Banque centrale du Congo

- Le gouverneur dirige la banque. Il prépare et met en œuvre les actes du conseil.
- Le gouverneur dispose de tous les pouvoirs nécessaires pour assurer la gestion courante de la gestion.
- Le gouverneur détermine les directives de cette gestion et en surveille l'exécution.
- Le gouverneur peut confier des pouvoirs spéciaux à un ou plusieurs mandataires. Il détermine leurs attributions, rémunérations ou indemnités éventuelles.
- Le gouverneur représente la banque dans tous ses rapports et relations avec les tiers, y compris le gouvernement et, en cette qualité, dispose des pouvoirs suivants :

  ► signer seul les billets et valeurs émis par la banque, les rapports annuels, bilans et tableaux de formation des résultats ;

  ► signer seul ou avec d'autres personnes les contrats conclus par la banque, la correspondance et autres documents de la banque ;

  ► signer, conformément au statut des agents de la banque, les actes d'engagement, de promotion et de licenciement du personnel ;

  ► représenter la banque en justice ;

  ► déléguer les pouvoirs qui lui sont conférés à des fonctionnaires.
- Il tient le conseil régulièrement informé, au moins une fois par trimestre, de l'évolution de la situation

monétaire du pays et du mouvement des postes du bilan de la banque.

- Il soumet à l'approbation du conseil les projets des actes qu'il juge nécessaires à l'accomplissement de la mission et de la politique de la banque.

2. La rémunération du gouverneur et son vice-gouverneur

Le gouverneur et le vice-gouverneur perçoivent un traitement dont le montant est fixé par le président de la République sur proposition du conseil.

3. Les incompatibilités du gouverneur et de son vice-gouverneur

Le gouverneur et le vice-gouverneur ne peuvent, durant leur mandat et pendant un an après la fin de celui-ci, exercer aucune fonction dans une société commerciale, ni dans un organisme public ayant une activité industrielle, commerciale ou financière.

C - LE COLLÈGE DES COMMISSAIRES AUX COMPTES

Le contrôle des opérations financières de la banque est exercé par un collège de trois commissaires aux comptes.

1. La nomination des commissaires aux comptes

Les commissaires aux comptes sont nommés et, le cas échéant, relevés de leurs fonctions par le président de la République, sur proposition du ministre ayant les finances dans ses attributions, le Conseil des ministres entendu. La durée de leur mandat est de deux ans renouvelable une fois.

2. Les attributions du collège des commissaires aux comptes

- Les commissaires aux comptes ont, en collège ou séparément, un droit de vérification de tous les actes de gestion de la banque. À cet égard, ils ont le droit de vérifier les livres, les caisses, le portefeuille et les valeurs de la banque, de contrôler la régularité et la sincérité des inventaires, de certifier le bilan annuel et le tableau de formation des résultats.
- Ils peuvent prendre connaissance, sans les déplacer, de la correspondance, des procès-verbaux et généralement de tous les documents et de toutes les écritures de la banque.
- Le collège des commissaires aux comptes doit soumettre au président de la République, au gouvernement et au conseil de la banque, sous forme de rapports, les résultats des missions accomplies ou sollicitées par la banque avec les propositions qu'il juge utiles.

3. La rémunération du collège des commissaires aux comptes

Les commissaires aux comptes reçoivent à la charge de la banque une indemnité fixée par le ministre ayant les finances dans ses attributions.

CONCLUSION DE LA TROISIÈME PARTIE

Le budget de l'État représente l'expression privilégiée de la politique d'un gouvernement. Le budget est essentiellement un acte politique. Il constitue un levier essentiel de l'action économique de l'État et occupe une place majeure dans l'économie d'un pays.

Aujourd'hui, dans tous les pays du monde, quels que soient leurs systèmes économiques, la banque est étroitement liée à l'économie, la finance, la monnaie, le commerce, l'industrie et l'agriculture.

Par opposition au système bancaire, les institutions financières non bancaires sont des intermédiaires financiers dont la fonction principale n'est pas de créer de la monnaie, mais de consentir des crédits à moyen et à long terme et de financer les investissements.

BIBLIOGRAPHIE

I. BIBLIOGRAPHIE GÉNÉRALE

A - OUVRAGES DE DROIT PUBLIC

AUBY (J.L.), *Droit public*, 2 tomes, Sirey, 12e éd., 1996.

DUBOUIS (L.), **PEISER** (G.), *Droit public*, Mémentos Dalloz, 14e éd., 1999.

ETIEN (R.), *Initiation au droit public*, Ellipses, 1998.

GEORGES (PH.), *Droit public*, Dalloz, 11e éd., 1999.

MOREAU (J.), *Droit public*, 2 tomes, Economica, 1995.

TROTABAS (L.), **ISOART** (P.), *Droit public*, LGDJ, 24e éd., 1998.

B - OUVRAGES DE DROIT CONSTITUTIONNEL

ARDANT (P.), *Droit constitutionnel et institutions politiques. Préparation à l'examen*, LGDJ, 1997.

ARDANT (P.), *Institutions politiques. Droit constitutionnel*, 15e éd., LGDJ, Paris, 2003.

ARDANT (P.), *Institutions politiques et droit constitutionnel*, LGDJ, 2005.

AVRIL (P.), **GICQUEL** (J.), *Lexique de droit constitutionnel*, « Que sais-je ? » n° 3655, PUF, Paris.

BARANGER (D.), *Le droit constitutionnel*, « Que sais-je ? », PUF, 2002.

BIDEGARAY (C.), **EMERI** (C.), **SERIN** (J.-L.), *Droit constitutionnel et institutions politiques*, PUF, coll. « Thémis, exercices et corrigés », 1983.

BURDEAU (G.), **HAMON** (F.), **TROPER** (M.), *Droit constitutionnel et institutions politiques*, 28e éd., LGDJ, Paris, 2003.

BURDEAU (G.), **HAMON** (F.), **TROPER** (M.), *Droit constitutionnel*, LGDJ, 2005.

CADART (J.), *Institutions politiques et droit constitutionnel*, 2e et 3e éd., Economica, Paris, 1990-1991 (2 vol.).

CADOUX (CH.), *Droit constitutionnel et institutions politiques*, 2 vol., Cujas, Paris, 1988.

CADOUX (CH.), *Droit constitutionnel et institutions politiques*, 4e éd., Cujas, Paris, 1995.

CHAGNOLLAUD (D.), *Droit constitutionnel contemporain*, 2 vol., Sirey, Paris, 2003.

CHAGNOLLAUD (D.), *Droit constitutionnel contemporain*, 2 vol., A. Colin, Paris, 2004.

CHALVIDAN (P.H.), *Droit constitutionnel, institutions et régimes politiques*, Nathan, 1996.

CHANTEBOUT (B.), *Droit constitutionnel et science politique*, 19e éd., A. Colin, Paris, 2003.

CHANTEBOUT (B.), *Brève histoire politique et institutionnelle de la 5e République*, A. Colin, Paris, 2004.

COHENDET (M.), *Droit constitutionnel*, 2e éd., coll. « Focus droit », Montchrestien, Paris, 2002.

DEBBASCH (R.), *Droit constitutionnel*, LITEC, 2003.

DEBBASCH (R.), *Droit constitutionnel*, 4e éd., LITEC, Paris, 2004.

DUHAMEL (O.), **MENY** (Y.), *Dictionnaire constitutionnel*, PUF, 1992.

DUHAMEL (O.), *Droit constitutionnel*, 2 vol. : *Le système politique en France* et *Les démocraties*, Seuil, Paris, 1999-2000.

FOILLARD (PH.), *Droit constitutionnel et institutions politiques*, Centre de publications universitaires, 2003.

GELARD (P.), **MEUNIER** (J.), *Institutions politiques et droit constitutionnel*, 4e éd., 2001 et 3e éd., coll. « AES », Montchrestien, Paris, 2001.

C - OUVRAGES DE DROIT ADMINISTRATIF

BRAIBANT (G.), **STIRN** (B.), *Le droit administratif français*, Dalloz-PENSP, 5e éd., 1999.

CHAPUS (R.), *Droit administratif général*, t. 1 et 2, Montchrestien, 14e éd., 2000.

DEBBACH (C.), *Institutions et droit administratif*, PUF, 5e éd., 1999.

FORGES (J.M.), *Droit administratif*, PUF, 5e éd., 1998.

LEBRETON (G.), *Droit administratif général*, t. 1 et 2, A. Colin, 1996.

LOMBARD (M.), *Droit administratif*, Dalloz, 3e éd., 1999.

II. DOCUMENTS SPÉCIALISÉS

RÉPUBLIQUE DÉMOCRATIQUE DU CONGO, MINISTÈRE DE L'INTÉRIEUR, SÉCURITÉ, DÉCENTRALISATION ET AFFAIRES COUTUMIÈRES, Guide à l'usage des autorités territoriales, Kinshasa, mai 2013.

JOURNAL OFFICIEL DE LA RÉPUBLIQUE DU ZAÏRE N°24, 1971.

JOURNAL OFFICIEL DE LA RÉPUBLIQUE DU ZAÏRE N°02, 1972.

JOURNAL OFFICIEL DE LA RÉPUBLIQUE DU ZAÏRE N°05, 1973.

JOURNAL OFFICIEL DE LA RÉPUBLIQUE DU ZAÏRE N°05, 1er mars 1978.

JOURNAL OFFICIEL DE LA RÉPUBLIQUE DU ZAÏRE N°05 bis, 1er janvier 1980.

JOURNAL OFFICIEL DE LA RÉPUBLIQUE DU ZAÏRE N°01, 1er janvier 1983.

JOURNAL OFFICIEL DE LA RÉPUBLIQUE DU ZAÏRE N° spécial juillet 1990.

JOURNAL OFFICIEL DE LA R.D.C., Constitution de la transition 2003- 2005.

ACCORD GLOBAL ET INCLUSIF en République démocratique du Congo, 2003.

JOURNAL OFFICIEL DE LA R.D.C., Constitution de la Troisième République du 18 février 2006.

MONITEUR CONGOLAIS N°41, 10 octobre 1960.

MONITEUR CONGOLAIS N°04, 1961.

MONITEUR CONGOLAIS N° spécial, 5 octobre 1965.

MONITEUR CONGOLAIS N°07, 1966.

MONITEUR CONGOLAIS N°01, 1967.

MONITEUR CONGOLAIS N°14, juillet 1967.

MONITEUR CONGOLAIS N°09, 1970.

MONITEUR CONGOLAIS N°01, 1971.

JOURNAL OFFICIEL DE LA RÉPUBLIQUE DU ZAÏRE N°21, 1971.

TABLE DES MATIÈRES

QUESTIONS JURIDIQUES

AUX ÉDITIONS L'HARMATTAN

Dernières parutions

CENT FAMILLES ET SANS FAMILLE
Analyse de la place juridique de l'enfant dans sa famille
Bongrain Marcelle
Quelle que soit la cellule familiale, l'enfant est au centre. Mais la famille se révèle parfois hostile à l'enfant, lorsque les parents veulent assouvir leur propre désir au détriment de l'intérêt de l'enfant. Objet de convoitise, l'enfant peut être utilisé pour inventer un lien de filiation au gré des événements conjugaux. Objet de discorde, il peut servir d'enjeu dans la séparation conflictuelle du couple. Objet de rejet, il peut être nié... La médiation familiale permet de pacifier les conflits familiaux, il convient de la développer.
(12.50 euros, 102 p.)
ISBN : 978-2-343-04521-4, ISBN EBOOK : 978-2-336-35781-2

CONFLIT (LE) D'INTÉRÊTS CHEZ LES AVOCATS
Noto-Jaffeux Nelly - Préface de Joël Moret-Bailly
Qu'est-ce que le conflit d'intérêts dans la profession d'avocat ? Ce livre appréhende ce concept juridique méconnu afin d'en borner les contours, d'en souligner les enjeux, les problématiques, voire les contradictions. Il cible aussi une prohibition normative dans une profession dont l'essence même est d'y être confrontée : la mission d'avocat d'aujourd'hui ne se trouve-t-elle pas justement au centre d'intérêts antagonistes ?
(Coll. Bibliothèques de droit, 13.50 euros, 124 p.)
ISBN : 978-2-343-03590-1, ISBN EBOOK : 978-2-336-35911-3

PROCÉDURES (LES) DE LA CRIMINALITÉ ORGANISÉE DEVANT LA COUR DE CASSATION
Tessier Maxime
Comment la Cour de cassation a-t-elle régulé, à travers l'interprétation des textes et l'élaboration de sa jurisprudence, le mécanisme des procédures d'exception applicables à la criminalité et à la délinquance organisées ? Dix ans après l'entrée en vigueur de la loi Perben II et de ces moyens d'investigation dérogatoires du droit commun, ce livre propose une réflexion inédite sur la manière dont s'est construit, arrêt après arrêt, le droit prétorien consacré à ces questions.
(Coll. Bibliothèques de droit, 18.50 euros, 192 p.)
ISBN : 978-2-343-04454-5, ISBN EBOOK : 978-2-336-35909-0

SCIENCES ET PRATIQUES PÉNITENTIAIRES EN FRANCE XIXe-XXe SIÈCLES
Hedhili-Azema Hinda - Préface de Danielle Anex-Cabanis
La discipline pénitentiaire désigne plusieurs réalités. La doctrine conçoit le système pénitentiaire comme une science nouvelle, inaugurant un système pénal juste, bon, moral, dépouillé des archaïsmes de l'Ancien Régime. La revendication principale des pénitentiaristes reste celle de l'abolition de la déportation et de la peine de mort, préconisant leur remplacement par le système pénitentiaire. Puis la philosophie pénitentiaire revendique le droit à l'éducation, à l'instruction et au travail tout en maintenant un objectif premier d'humanité.
(Coll. Criminologie, série Champ pénitentiaire, 38.50 euros, 396 p.)
ISBN : 978-2-343-03242-9, ISBN EBOOK : 978-2-336-35801-7

RÉFORME (LA) DE LA PHASE PRÉPARATOIRE DU PROCÈS PÉNAL
Schenique Laurie - Préface de Christine Courtin
La phase préparatoire du procès pénal, étape décisive pendant laquelle l'affaire est mise en l'état d'être jugée, est attentatoire aux droits et libertés fondamentaux de l'individu. Animé par l'idée de créer un modèle universel de procès empreint d'équité et d'un respect accru des droits de la défense, le législateur semble être en quête constante d'un procès pénal idéal. Mais la matière pénale a-t-elle vocation à respecter un équilibre parfait entre la sécurité de la société et la protection de l'individu ?
(Coll. Logiques Juridiques, 34.00 euros, 338 p.)
ISBN : 978-2-343-04328-9, ISBN EBOOK : 978-2-336-35794-2

DROIT INTERNATIONAL DES ESPACES ET DES TÉLÉCOMMUNICATIONS
Tshiyembe Mwayila
Le droit international des espaces et des télécommunications est une nouvelle branche du droit international, placé au coeur de l'enseignement universitaire par la réforme. Il s'agit d'une part du droit des espaces maritimes, des canaux, détroits et fleuves internationaux, des espaces aériens et extraatmosphérique, d'autre part du droit des télécommunications. Les nouvelles découvertes de richesses sous-marines et celles concernant l'exploration et l'utilisation du cosmos ont changé fortement la donne.
(Coll. Géopolitique mondiale, 19.00 euros, 200 p.)
ISBN : 978-2-343-02055-6, ISBN EBOOK : 978-2-336-35892-5

RELATIONS (LES) ENTRE COMPTABILITÉ ET FISCALITÉ
Vers un passage de l'ère juridique à l'ère économique ?
Sambou Siankolouté - Préface de Jacques Spindler
Pour pacifier les relations entre droit comptable et droit fiscal et se préparer aux évolutions imposées par des normes, venues de cabinets comptables privés, qui dictent leur logique économique, il faut les rebâtir sur de nouvelles bases : celles du compromis. Si, par le passé, ce compromis a été possible, on doit pouvoir en tirer les leçons pour construire le futur de ces relations qui ne peut faire l'impasse des normes comptables internationales, devenues obligatoires.
(Coll. Finances publiques, 38.50 euros, 394 p.)
ISBN : 978-2-343-03409-6, ISBN EBOOK : 978-2-336-35877-2

RENOUVELLEMENT (LE) DU BAIL À L'USAGE PROFESSIONNEL DES PAYS DE LA ZONE OHADA
Dibas-Franck Eric
Préface de Philippe Delebecque - Avant-propos d'Antoine Oliveira
A l'expiration de sa durée, le bail à usage professionnel à durée déterminée ou indéterminée dans la zone OHADA peut être renouvelé. Il existe deux modes de renouvellement du bail à usage professionnel : soit le renouvellement est forcé par la loi, soit le renouvellement est voulu par les parties. Comment analyser le contrat de bail à usage professionnel une fois renouvelé ? S'agit-il du contrat initial qui se prolonge ? S'agit-il d'un nouveau contrat ?
(21.00 euros, 216 p.)
ISBN : 978-2-343-04266-4, ISBN EBOOK : 978-2-336-35808-6

DROIT ADMINISTRATIF
L'angle jurisprudentiel (5e édition)
Gros Manuel
Traitant du programme de 2e année en droit administratif général, cet ouvrage donne également un éclairage particulier au pouvoir du juge administratif sur la fixation du droit administratif français et sur son rôle prédominant dans l'essence même du droit administratif. Utilisable comme un manuel classique, voici également une réflexion approfondie sur l'évolution et l'adaptation d'un droit spécifique à son environnement.
(Coll. Logiques Juridiques, 36.50 euros, 374 p.)
ISBN : 978-2-343-03798-1, ISBN EBOOK : 978-2-336-35432-3

DROIT DE LA CHASSE ET DE LA PROTECTION DE LA FAUNE SAUVAGE
Guide des infractions (2e édition)
Redon Michel
Le droit de la chasse et de la protection de la faune sauvage est parfois complexe. Il est devenu difficile pour les non-spécialistes de se repérer dans une législation abondante, en constante évolution du fait de son imprégnation croissante par la réglementation européenne progressivement intégrée dans notre droit. Cet ouvrage, à jour de la jurisprudence et des textes les plus récents, propose une approche complète mais particulièrement aisée des dispositions pénales et des règles de procédure.
(Coll. La justice au quotidien, 16.00 euros, 162 p.)
ISBN : 978-2-343-03362-4, ISBN EBOOK : 978-2-336-35627-3

OPPOSABILITÉ (L') DES CONVENTIONS DE DROIT PRIVÉ EN DROIT FISCAL
Dal Vecchio Frédéric - Préface de Thierry Lambert
Les conventions, supports indispensables aux échanges économiques des sujets de droit privé, ont des conséquences en droit fiscal. Le concept d'opposabilité des conventions de droit privé oscille entre deux tendances opposées : le respect de la volonté des parties contractantes et leur sacrifice au nom de l'intérêt général. Dans quelle mesure les conditions et les effets de l'opposabilité des conventions de droit privé sont-ils transposables en droit fiscal ?
(Coll. Finances publiques, 46.00 euros, 472 p.)
ISBN : 978-2-343-03911-4, ISBN EBOOK : 978-2-336-35655-6

ARCHITECTURE (L') NORMATIVE DU RÉSEAU INTERNET

Esquisse d'une théorie

Bamdé Aurélien

Comment un réseau de la dimension d'Internet a-t-il pu être édifié sans maître d'œuvre ? Ses bâtisseurs, de nationalités différentes et donc soumis à des droits différents, ont malgré tout globalement œuvré dans le même sens, ce qui laisse à penser qu'ils ont observé les mêmes normes. Quelles sont ces normes ? Quelle est leur nature ? Peuvent-elles être qualifiées de juridiques ? Sont-elles en contradiction avec le droit des États ?

(Coll. Le Droit aujourd'hui, 49.00 euros, 624 p.)

ISBN : 978-2-343-03463-8, ISBN EBOOK : 978-2-336-35350-0

ÉTABLISSEMENTS (LES) PUBLICS D'AMÉNAGEMENT

Cocquière Alexandra - Préface de Jean-Pierre Lebreton

Les EPA, bras urbanistique de l'État, ont été créés dans les années 50 pour conduire des opérations d'urbanisme d'envergure. Avec le ralentissement de l'urbanisation, les EPA se sont mis au service de nouveaux objectifs. Ce livre dresse leur portrait, au regard des motifs divers conduisant au recours à l'EPA, et au regard des évolutions institutionnelles.

(Coll. Logiques Juridiques, 49.50 euros, 518 p.)

ISBN : 978-2-343-04166-7, ISBN EBOOK : 978-2-336-35683-9

ENFERMEMENTS, JUSTICE ET LIBERTÉS

Aujourd'hui et hier, ici et ailleurs

Sous la direction de Christian Chevandier, Jean-Manuel Larralde et Pierre V. Tournier

Les objectifs de l'enfermement, hier comme aujourd'hui, en France comme ailleurs, sont complexes et ambigus : entre inclusion et exclusion, ordre et insertion, soin et sanction. Dans des lieux aussi divers que les locaux de garde, les centres éducatifs fermés, les prisons, les centres médicaux fermés (etc.), la dignité des personnes peut être mise en cause, leurs droits fondamentaux non respectés, leur état physique et mental menacé.

(Coll. Criminologie, 32.00 euros, 316 p.)

ISBN : 978-2-343-04198-8, ISBN EBOOK : 978-2-336-35621-1

ÉVOLUTIONS (LES) DES MODES DE FINANCEMENT DE L'ACTION PUBLIQUE

Sous la direction de Fabien Bottini

La crise de 1929 avait conduit les États à faire preuve d'imagination pour pouvoir financer leur politique. Les chocs pétroliers des années 1970 et la crise de 2008 ayant fait peser des contraintes supplémentaires sur les budgets nationaux, la question se pose des évolutions qu'ont connues les modes de financement de l'action publique depuis près d'un siècle. Est-il possible, à partir de l'exemple français, de dégager des lignes de force permettant de redonner une cohérence d'ensemble à ces évolutions ?

(26.00 euros, 242 p.)

ISBN : 978-2-343-03655-7, ISBN EBOOK : 978-2-336-35507-8

L'HARMATTAN ITALIA
Via Degli Artisti 15; 10124 Torino

L'HARMATTAN HONGRIE
Könyvesbolt ; Kossuth L. u. 14-16
1053 Budapest

L'HARMATTAN KINSHASA
185, avenue Nyangwe
Commune de Lingwala
Kinshasa, R.D. Congo
(00243) 998697603 ou (00243) 999229662

L'HARMATTAN CONGO
67, av. E. P. Lumumba
Bât. – Congo Pharmacie (Bib. Nat.)
BP2874 Brazzaville
harmattan.congo@yahoo.fr

L'HARMATTAN GUINÉE
Almamya Rue KA 028, en face du restaurant Le Cèdre
OKB agency BP 3470 Conakry
(00224) 60 20 85 08
harmattanguinee@yahoo.fr

L'HARMATTAN CAMEROUN
BP 11486
Face à la SNI, immeuble Don Bosco
Yaoundé
(00237) 99 76 61 66
harmattancam@yahoo.fr

L'HARMATTAN CÔTE D'IVOIRE
Résidence Karl / cité des arts
Abidjan-Cocody 03 BP 1588 Abidjan 03
(00225) 05 77 87 31
etien_nda@yahoo.fr

L'HARMATTAN MAURITANIE
Espace El Kettab du livre francophone
N° 472 avenue du Palais des Congrès
BP 316 Nouakchott
(00222) 63 25 980

L'HARMATTAN SÉNÉGAL
10 VDN en face Mermoz, après le pont de Fann
BP 45034 Dakar Fann
33 825 98 58 / 33 860 9858
senharmattan@gmail.com / senlibraire@gmail.com
www.harmattansenegal.com

L'HARMATTAN BÉNIN
ISOR-BENIN
01 BP 359 COTONOU-RP
Quartier Gbèdjromèdé,
Rue Agbélenco, Lot 1247 I
Tél : 00 229 21 32 53 79
christian_dablaka123@yahoo.fr

Achevé d'imprimer par Corlet Numérique - 14110 Condé-sur-Noireau
N° d'Imprimeur : 114163 - Dépôt légal : décembre 2014 - *Imprimé en France*

www.ingramcontent.com/pod-product-compliance
Lightning Source LLC
LaVergne TN
LVHW021208061026
849535LV00008B/2634